AF405422

CARLOS
ORDÓÑEZ PACHÓN

ADMINISTRACIÓN Y DESARROLLO DE COMUNIDADES EDUCATIVAS

HACIA UN NUEVO PARADIGMA DE ORGANIZACIÓN ESCOLAR

cooperativa editorial
MAGISTERIO

ADMINISTRACIÓN Y DESARROLLO DE COMUNIDADES EDUCATIVAS
Hacia un nuevo paradigma de organización escolar

Autor
CARLOS ORDÓÑEZ PACHÓN

Libro ISBN: 978-958-20-0243-5
Primera edición: 1995.
Segunda edición: 2012.
Esta reimpresión: 2008.

©   *COOPERATIVA EDITORIAL MAGISTERIO*
          Diag. 36 Bis *(Parkway La Soledad)* N° 20-70
          Celular: (+57) 312 4354489
          Bogotá, D.C., Colombia.
          www.magisterio.com.co
          info@magisterio.com.co

Dirección General
ALFREDO AYARZA BASTIDAS

Dirección Editorial
ILSE PATRICIA SÁNCHEZ R.

Contenido

Introducción

ste trabajo evoca la reflexión de Castoriadis (1994) en relación con dos significaciones imaginarias que él considera intrínsecamente antinómicas aunque ligadas —ubicadas en el centro de la Época Moderna, desde el fin de la Edad Media, y que la han marcado como época—: la *autonomía*, de una parte, que ha animado los movimientos emancipadores y democráticos que recorren la historia de occidente desde el renacimiento de la interrogación y de la encuesta racional; y, de otra, *la expansión ilimitada del dominio racional* como fundamento de la institución del capitalismo.

Se encontraron muy iluminadoras las preocupaciones de Castoriadis sobre la preeminencia del mito del dominio "racional" y la expansión ilimitada de la tecnociencia como fundamento del pensamiento y la vida modernos, lo mismo que la desconfianza en relación con su valor en el campo de la evolución de la humanidad, por cuanto el dominio de ella podría ser tan sólo un dominio pseudo-racional.

Afirma Castoriadis (1994) que, en el fondo, la racionalidad de la tecnociencia se orienta hacia la negación de la mortalidad humana que, en las sociedades que han precedido a la nuestra, estaba asegurada por la religión, en el sentido más amplio del término.

> *No es suficiente con repetir que en el mundo moderno la ciencia ha tomado el lugar de la religión; es necesario comprender a la vez los límites de esta sustitución y el rasgo de verdad que ella contiene. La ciencia ofrece un sustituto a la religión en la medida en que ella encarna de nuevo la ilusión de la omniciencia y de la omnipotencia —la ilusión del dominio.*

Para Castoriadis, la extensión del "dominio racional" parte del supuesto de la existencia de una verdad, en la medida en que, desde la racionalidad, el mundo del hombre ha sido visto como perfectamente "objetivable", algoritmizable, y destinado a ser objeto de dominio impersonal.

Las preocupaciones de Castoriadis se relacionan con la reflexión que hace Habermas (1989c) sobre las implicaciones prácticas que ha tenido la institucionalización de la ciencia y la técnica en el mundo moderno; según él, la progresiva racionalización de la sociedad está relacionada con la institucionalización del progreso científico y técnico, lo cual da lugar a la transformación de los mecanismos para legitimar el orden social: a partir de la implantación de la racionalidad propia de la ciencia, la legitimación del orden social y político dejará de sustentarse en metarrelatos de carácter mitológico, se producirá una progresiva secularización de la visión de mundo y, en general, se perderán las formas tradicionales de responder a los problemas del hombre relacionado con la convivencia social y el destino individual. Ambos autores estarían de acuerdo en que, por una extensión de las pretensiones de control sobre el mundo, los avances en la tecnociencia culminan con la instrumentalización de la sociedad.

Los planteamientos de Castoriadis también recuerdan la reflexión de Foucault sobre la forma como los mecanismos de dominación en nuestra cultura se basan tanto en el desarrollo de regímenes de verdad como en técnicas específicas que están a disposición del sujeto para relacionarse con sí mismo.

En el discurso de Foucault queda claro que el poder, como campo de fuerzas, se define mediante la aplicación de procedimientos, de estrategias de dominación y de resistencia que definen un rumbo para determinados órdenes sociales; que las configuraciones de poder en un orden social siempre están vinculados con dispositivos de producción de verdad relacionados con técnicas específicas que permiten producir, transformar o manipular cosas, utilizar signos, sentidos o significaciones, convertir a otros hombres en objetos mediante el sometimiento de éstos a determinados fines, y realizar operaciones sobre su alma, sus pensamientos y su forma de ser, con el fin de alcanzar determinados estados de felicidad; y que tales dispositivos de producción de verdad se adecúan al mantenimiento de relaciones de dominación de diferentes grupos existentes en cada orden social (Cfr. Foucault, 1991).

Aquí nos interesa mostrar la pertinencia de considerar estas perspectivas en el análisis de los hechos educativos de Colombia, a propósito de "la reforma" introducida por la Ley General de Educación. Se advierte que las interpretaciones del texto de la Ley y de las acciones que traten de ponerla en ejecución pueden ser múltiples, como múltiples son los intereses que en ella se manifiestan. Por tanto, este trabajo sólo puede tomarse como una lectura que quiere explicitar las perspectivas, las visiones filosófica, política y administrativa desde las que se enuncia una propuesta educativa que quiere ser instrumento de resistencia al discurso que señala como inevitable la orientación del proceso educativo al dominio de los "juegos de verdad" adecuados a las democracias prósperas del Atlántico Norte y de Asia, orientación que consecuentemente asocia la constitución de un orden social con la extensión del método científico al control de lo social, que aboga por el establecimiento de modelos de gestión modernos en el ámbito educativo, y que reduce la responsabilidad del Estado en la prestación de este servicio a la creación de sistemas de evaluación y de información sobre los resultados obtenidos por sujetos e instituciones y al ejercicio de funciones de inspección y vigilancia (Cfr. *Colombia: al filo de la oportunidad*, 1994 y *Salto educativo*, 1994).

Se plantea, entonces, la necesidad de superar las condiciones que ha impuesto a la educación el modelo burocrático de administración (el cual se devela como antidemocrático), y se propone como alternativa el cuestionamiento de los sentidos hegemónicamente propuestos para los individuos y las comunidades. Así, las posibilidades de democratización en el sector y el aumento de la autonomía de las comunidades educativas se relaciona con las premisas que sustentan las nociones de realidad, de conocimiento y aquellas que orientan las prácticas administrativas.

En particular, se afirma que instaurar una nueva educación depende de si se aceptan o no las hipótesis de producción cultural de realidades contingentes en contextos históricamente configurados; de si se acepta discutir los procesos de dominación en la interacción entre sujetos; y de si los procesos de construcción de sentido se conciben como algo orientado hacia metas predeterminadas o como algo que va tomando forma durante un devenir social de carácter fundamentalmente simbólico. Se trata de encontrar "salidas" para una crisis marcada por el signo de las verdades únicas, el instrumentalismo y el eficientismo.

En este escrito se muestra que concebir la realidad humana como un proceso de construcción de realidades múltiples históricamente determinado, que no propone modelos de evolución lineal y desconfía de la noción de progreso, que entiende el conocimiento como producto del desarrollo de perspectivas, que entiende la libertad como esfuerzo de conocimiento y resistencia ante múltiples determinaciones presentes en la sociedad y en los sujetos, permite configurar una "educación alterna" para el país, dentro del espacio que ha constituido la Ley 115 de 1994, al instituir los Proyectos Educativos Institucionales [PEI].

En términos generales, se plantea que, si se quiere transformar radicalmente la vida en la escuela, los proyectos educativos institucionales y la evaluación de la educación como elementos centrales para dar forma al aparato educativo, se precisa una concepción abierta que fortalezca la posición crítica de los actores del hecho educativo.

Capítulo 1

Antecedentes

Las reformas educativas previas

La condición mundial actual, que ubica la toma de decisiones sobre los asuntos sociales y la vida de las poblaciones en instancias supranacionales, que requiere estrategias administrativas para garantizar la "racionalidad" económica orientada a la circulación y reproducción del capital, y que mediante los medios masivos de comunicación y la telemática hace comunes a todos los habitantes del planeta las visiones de mundo y los sentidos de la época, ha demandado reformas educativas en muchos países, fundamentalmente en los ubicados bajo la égida de las políticas de los organismos internacionales de crédito y de acción cultural.

Los orígenes de las demandas de cambio se remontan a las reformas introducidas durante la segunda mitad del siglo XX; en ellas, la educación se presenta como un quehacer relacionado con la formación del ser humano visto como factor de producción, dentro de propuestas y exigencias de ejecución de políticas que los países "avanzados" hacen a los llamados "países pobres" para que superen el subdesarrollo.

Escobar (citado por Martínez, 1994) plantea que el acontecimiento fundamental en el campo de las políticas educativas fue la instauración del desarrollo capitalista como la meta legítima para los países no industrializados. Para el autor, el desarrollo, como estrategia generada a partir de la segunda postguerra por los países industrializados, creó un nuevo campo de acción delimitado por la noción de "subdesarrollo" y por el despliegue de nuevas formas de ejercicio del poder. Tal estrategia se constituyó en una tecnología política cuyo propósito fue el manejo, y más aún, la creación sistemática del Tercer Mundo con el objetivo final de mantener ciertas formas de intercambio comercial y de dominación.

De otro lado, Noguera (1994) plantea que el "discurso del desarrollo" constituyó una tecnología política transferida a nuestros países, y que esta tecnología ha funcionado, de manera general, en dos sentidos: en primer lugar, creando el "subdesarrollo", condición en la que aparece como necesaria la cooperación técnica y financiera con los países industrializados para superar su condición de "malestar" y "anormalidad", y alcanzar la meta final de la historia: el desarrollo capitalista; y, en segundo lugar, transfiriendo a grandes costos y por mediación de los organismos de cooperación, productos tecnológicos —como la planificación— y modelos teóricos —como la teoría general de sistemas.

Tal discurso postulaba, entonces, que "la pobreza" era el enemigo que había que enfrentar, toda vez que era la causa de la desigualdad social y los bajos niveles de productividad. A partir del estrecho vínculo que se estableció entre educación y desarrollo, ésta empezó a ser concebida como una inversión que —desde el punto de vista de los organismos internacionales y los gobiernos nacionales— debía fomentarse y controlarse. Así, la educación adquirió el carácter de sector clave para la inversión estatal y privada.

Desde estos supuestos, los análisis de la situación económica y social de los "países subdesarrollados", planteados en los distintos foros internacionales, ponían en evidencia la necesidad de consolidar una estrategia multinacional de cooperación para la iniciación de procesos de transformación hacia el mejoramiento cualitativo y cuantitativo de la educación (Cfr. Martínez, 1994).

A partir de la postguerra, las decisiones educativas de los diferentes gobiernos comenzaron a depender, cada vez más, de las discusiones y programas desarrollados en los recién creados organismos de cooperación internacional, principalmente la Unesco y la OEA, pues se decía que éstos se presentaron desde su constitución como garantes de múltiples posibilidades de concertación, cooperación y financiación. Este proceso, llamado "mundialización de la educación", se relacionó con la expansión acelerada y vertiginosa de los sistemas educativos, con la aparición de nuevas teorías educativas y con el auge de la ciencia y la tecnología, entre otros factores.

Dadas las exigencias que imponía el sostenimiento de un ritmo creciente de escolarización de la población a bajos costos, se recurrió a la utilización de medios tecnológicos que, además de garantizar un amplio cubrimiento, permitieran la preparación de recursos humanos acordes con las necesidades sociales y con las condiciones de producción impuestas por los avances de la ciencia y la tecnología.

Se asumió como necesario llevar al terreno de la educación los principios y métodos de la planificación económica, difundiendo para ello un conjunto de principios teóricos, procedimientos metodológicos y herramientas técnicas conocidos como "planeamiento integral de la educación". Posteriormente, hacia mediados de la década de los 70, el pláneamiento integral fue reemplazado por una perspectiva teórica y técnica más globalizante, la llamada "tecnología educativa", en cuya base se encontraba la teoría general de sistemas (Cfr. Noguera, 1994).

Los modelos de eficiencia que surgieron en el proceso de industrialización en los Estados Unidos se transfirieron a la educación; por ello, arraigaron en la pedagogía una visión funcionalista y una concepción conductual del ser humano; bajo estas condiciones apareció y se difundió la tecnología educativa como una alternativa "científica" para la educación (Cfr. Díaz Barriga, 1987).

Según Martínez (1994), la lucha por racionalizar los recursos y la inversión exigió también iniciar un gran proceso de institucionalización; fue necesario poner en marcha una red de establecimientos públicos para adecuar y difundir los conocimientos y las tecnologías transferidas. Esta red incluyó organizaciones internacionales y bilaterales de ayuda, universidades y fundaciones norteamericanas, universidades e instituciones de investigación y tecnología en el Tercer Mundo y, particularmente, en los gobiernos de nuestros países[0].

En Colombia, por ejemplo, se empezó a aplicar, en 1949, el nuevo enfoque educativo: la Misión Currie, apoyada en los avances científicos de la planificación e inscrita en los nuevos parámetros trazados desde el discurso del desarrollo, diagnosticó e hizo propuestas para la organización y transformación de la educación del país. Luego, a partir de la Misión Lebret (1956) y mediante

---

0   Según Escobar, citado por Martínez (1994), el establecimiento de relaciones internacionales de cooperación dio inicio a un proceso intensivo de transferencia, hacia América Latina, de formas y modelos de ciencia y conocimientos, desarrollados especialmente en Estados Unidos.

la creación de una nueva institución, la Oficina de Planeación, el Estado centró su mirada en el campo educativo[1].

La transformación de la educación en una de las más importantes inversiones sociales requirió, a su vez, cambiar la definición tradicional que se tenía de ella: en adelante se concibió la educación como una empresa que debía cumplir con ciertos niveles de rendimiento financiero y que debía verificar sus procesos, con el objeto de optimizar la aplicación de recursos económicos. Los nuevos énfasis y exigencias del mundo moderno impusieron a la escuela una reorientación de sus objetivos, de sus procedimientos, asignándole una nueva identidad social, vinculándola al desarrollo en todas las actividades atinentes al orden de la producción y la calidad de vida.

Sin embargo, los mismos grupos políticos que impulsaron las reformas mencionadas denuncian actualmente su agotamiento, por cuanto "no fueron capaces de conciliar el crecimiento cuantitativo del sistema con niveles satisfactorios de calidad y equidad" (Conclusiones de la IV Reunión de PROMEDLAC en Quito, 1991, citadas por Hevia, 1992).

Tedesco (1993), por ejemplo, señala que, durante las últimas tres décadas, a pesar de que frecuentemente se hicieron reformas y se diseñaron nuevos programas, el sistema educativo creció en rigidez e inmovilismo y aumentó entre las comunidades el escepticismo respecto de sus posibilidades de transformación.

---

[1] Como resultado de las conclusiones planteadas por la Misión, la Oficina de Planeación del Ministerio de Educación Nacional elaboró, en 1957, el I Plan Quinquenal de Educación. Mediante éste se sentaron las bases para aplicar las técnicas de la planificación económica a la educación; se inaugura así una nueva época en la cual la educación se desarrolla de acuerdo con "un orden racional y una dirección coordinada".

La perspectiva de la reforma actual

Hevia (1992) plantea que actualmente el sistema educativo es juzgado ineficiente e ineficaz y que, finalmente, no ha sido equilibrado en la distribución del servicio educativo a toda la población. La crisis se manifiesta en bajos niveles de aprendizaje significativo, énfasis en la enseñanza más que en el aprendizaje, y desconocimiento de las diferencias culturales de los contextos en que se inscribe la escuela. Ya no se cree que más años de estudio estén asociados a mayor productividad y a mayor participación social, si lo que se hace en la escuela no se orienta al desarrollo de capacidades como, por ejemplo, el dominio de los códigos en los que circula la información.

Se atribuye esta situación a un aislamiento del sector educativo en relación con otros sectores del Estado y de la sociedad; a una administración centralizada, burocrática y, frecuentemente, autoritaria; a procesos educativos más centrados en la transmisión de determinados contenidos que en el desarrollo de habilidades para adaptarse al medio; y a la rigidez de la oferta educativa ante las exigencias de los usuarios del servicio —se habla de una oferta homogénea para poblaciones heterogéneas (Cfr. Hevia, 1992)—.

Ahora los discursos de los planificadores de los Estados afirman constantemente que es necesario cambiar el enfoque administrativo para el sector. Así, tras múltiples años de aplicación de un modelo educativo basado en la Tecnología Educativa, y de insistencia en la ampliación de la cobertura, se percibe afán por plantear alternativas distintas, en virtud de la pérdida de credibilidad que las mencionadas propuestas tienen como soluciones políticas para generar un desarrollo social basado y proyectado en las propias capacidades y recursos.

Lo destacado de tales propuestas de transformación de la educación es que insisten en la conveniencia de que el quehacer de cada institución educativa esté orientado por su propio proyecto y que éste sea elaborado de manera autónoma por los actores de cada institución escolar, teniendo en cuenta las características socio-culturales específicas de los alumnos a los que atiende, las características de la localidad donde se ubica y las intenciones pedagógicas de todos los actores involucrados en la práctica escolar.

En este momento, las agencias internacionales consideran que las reformas en educación no pueden seguir insistiendo en el aumento de la cobertura del sistema, sino que deben prestar atención al problema de su transformación cualitativa, principalmente mediante el énfasis en los modos de adecuar los tópicos de aprendizaje a las características culturales de las comunidades a las que se presta el servicio educativo; al mismo tiempo, se subraya la pertinencia de emprender acciones que propendan por el mejoramiento de la calidad de la educación, entre otras razones por la necesidad de vincularse a los procesos de modernización de la economía, que implican tanto el desarrollo de formas de producción cada vez más sustentadas en la capacidad para producir y manejar información especializada como en la participación en mercados cada vez más competitivos.

Así, en busca de niveles superiores de eficiencia del sistema, es común que los discursos insistan en el diseño de planes de desarrollo a largo plazo para el sector, en los que se asuma una práctica administrativa descentralizada que, en últimas, consiste en responsabilizar a los usuarios de las propiedades del servicio, en presentar al establecimiento como generador de las transformaciones requeridas, y en atribuir al Estado la responsabilidad de definir propósitos muy amplios.

Los organismos de cooperación internacional tienden a enfatizar la pertinencia de impulsar el cambio en las condiciones institucionales y a recomendar que se introduzcan factores que dinamicen los mecanismos internos de gestión educacional. En palabras del consultor de la Unesco, ahora tan sólo se concibe como alternativa, "abrir las instituciones a los requerimientos de la sociedad e introducir factores de dinamismo internos de gestión educacional" (Tedesco, 1993).

Así, en este momento, la atención se dirige hacia las condiciones del plantel, las cuales se señalan como el punto crítico del sistema educativo. Es común encontrar afirmaciones del tipo: las transformaciones necesarias que ocurren y seguirán sucediéndose a nivel de la práctica escolar, necesitan que cada quien se apropie del sentido de sus acciones (Cfr. Herrera y López, 1993, y Chaves, 1994). Se exige entonces a los centros que prestan el servicio educativo, mediante un discurso que gira alrededor de la autonomía institucional, que garanticen una ejecución adecuada al nuevo estado de cosas en la economía y la cultura.

Veamos el proceso en perspectiva: hasta la década del 50, educar a través de la escuela fue un asunto de competencia de los Estados Nacionales, siendo ello un factor determinante en su propio proceso de consolidación; luego, el problema del gobierno de la población se convirtió en una responsabilidad que los Estados compartían con organismos internacionales (ONU, Unesco, Cepal, Banco Mundial, BID, etc.); pero ahora los procesos de recomposición del poder a nivel mundial, que han demostrado la inconveniencia de la centralización de la toma de decisiones operativas en unos pocos núcleos, por injerencia de los organismos internacionales, los Estados Nacionales ensayan nuevas estrategias de control para garantizar un funcionamiento "más eficiente" de los sistemas educativos localmente considerados, al tiempo que se afianza el ordenamiento economicista de la educación, que busca reducir la participación de dichos Estados en el gasto relacionado con la prestación de servicio educativo.

Se aprecia, de esta manera, que el discurso de la autonomía, tomado del desarrollo reciente de las ciencias sociales, permite legitimar el nuevo esquema político y económico.

Al hacer un balance del estado actual de la educación en nuestros países y mostrar las propiedades del funcionamiento del sector, se hacen visibles los efectos inducidos por la historia de cooperación de los organismos internacionales con los países en materia de educación. Ha de entenderse que las reacciones de los sistemas educativos corresponden a políticas impulsadas por estos mismos organismos, de tal forma que lo que aparece en los análisis de resultados refleja tanto el acontecer propio de la vida en los distintos países como la naturaleza de la intervención de las agencias de cooperación internacional.

Respecto de la forma como ha sido posible la intervención de los organismos internacionales puede hipotetizarse que, tal como lo propone el trabajo de Foucault, la institucionalización de la ciencia en la sociedad colombiana es un caso de implantación de un nuevo régimen de verdad asociado con una nueva forma de dominación que apoyará un ordenamiento social específico. Como resultado de la introducción de estas estrategias de verificación de enunciados, los ciudadanos se dividirán en dos grupos: aquellos que conocen las nuevas estrategias y aquellos que no han accedido a tal saber, lo cual implicará que estos últimos sean excluidos de los procesos de definición de los asuntos públicos —amplios sectores de la población declarados analfabetos se juzgarán cada vez más incompetentes para decidir sobre asuntos que alteran la configuración del orden social.

Igualmente, partiendo de la perspectiva de Habermas (1989c), la institucionalización de la cientifización y tecnologización de los procesos de producción del mundo social ha introducido notables desequilibrios en dichos procesos de producción, en tanto se ha suplantado el carácter eminentemente comunicativo del proceso de producción simbólica de este mundo por otro de carácter estratégico, en el cual la acción social se orienta al éxito, dando lugar a la cosificación de los otros[2].

---

2   Recuérdese que, para Habermas (1989a), el mundo social es el segmento del mundo de la vida que se configura cuando se asume comunicativamente

Ante la colonización del espacio de los órdenes institucionales por la perspectiva científico-técnica, que ha desbordado ya el ámbito de producción y transformación de las cosas, será posible para los grupos alfabetizados en los nuevos "juegos de verdad" afianzar sus prácticas de dominio sobre los sujetos enajenados del poder para configurar el espacio social y político. A partir de esta condición puede esperarse que exista una coordinación entre instituciones internacionales y grupos políticos hegemónicos de cada país respecto de la institucionalización de la estrategias de dominación sobre amplios sectores de la población[3].

---

la relación con otros. Según este mismo autor (1989b), la existencia de mecanismos de coordinación de la acción requiere de un saber común que funde acuerdos básicos, expresados en el reconocimiento intersubjetivo de pretensiones de validez susceptibles de crítica —acuerdo significa que los participantes aceptan un saber como válido, es decir, como intersubjetivamente vinculante—, de tal forma que las convicciones compartidas intersubjetivamente relacionan a los participantes en la interacción en términos de reciprocidad.

La diferencia entre el modelo estratégico de acción y el modelo comunicativo está en que el primero se contenta con la explicitación de las reglas de la acción en términos de su orientación al éxito, mientras que el segundo especifica condiciones de consenso y acuerdo en medio de las cuales los participantes en la interacción pueden ejecutar sus respectivos planes.

3   Para Habermas (1989c), en el capitalismo naciente, con la instauración de un mecanismo económico que garantiza a largo plazo la ampliación de subsistemas de acción racional con arreglo a fines, se crea una legitimación económica bajo la cual el sistema de dominación puede adaptarse a las nuevas exigencias de racionalidad. Esta forma de legitimación remite, en primera instancia, a las leyes del mercado: lo legítimo es lo que se produce como resultado de las leyes de oferta y demanda.

Luego, con el crecimiento de la intervención del Estado, orientada a asegurar la estabilidad del sistema, y con la creciente interdependencia de investigación y técnica, que convierte a las ciencias en la primera fuerza productiva, la dominación propia de las democracias formales se legitimará señalando las garantías que ofrece el Estado de un mínimo de bienestar y estabilidad en el empleo y los ingresos, de tal forma que la política se compromete con

En palabras de Posada (1995), el discurso neoliberal ha creado un conjunto de ideas que hegemonizan las formas de pensar y de sentir. Durante la construcción de la hegemonía del discurso neoliberal, se han creado nuevas expresiones, nuevos términos; se han redefinido palabras y se las ha vinculado al campo "bueno" (la libre iniciativa, los empresarios y sus inherentes virtudes), o al campo "malo" (los movimientos sociales, el control del Estado y sus esenciales defectos). En este contexto, el del proyecto neoliberal, la educación cumple un papel estratégico: se concibe como un elemento que ha de servir a los propósitos empresariales; en esta dirección, en los planes de gobierno se priorizan dos aspectos: arrastrar la educación institucionalizada a los objetivos de preparación de mano de obra, planteando que las escuelas deben preparar a sus alumnos para la competitividad del mercado nacional e internacional, y utilizar la educación como vehículo de transmisión de las ideas que proclaman las excelencias del libre mercado y la libre iniciativa.

---

la prevención de crisis económicas, lo cual hace que ésta se oriente, no a la realización de fines prácticos, sino a la resolución de cuestiones técnicas, con la subsecuente despolitización de la masa de la población. El rendimiento peculiar de esta ideología consiste en ubicar, como medio para construir la imagen sobre el mundo social, un modelo científico-técnico en lugar de la construcción de sentido a través de procesos interactivos culturalmente determinados, dando lugar a la autocosificación de los hombres, de tal forma que se elimina la diferencia entre práctica y técnica. Así, según Habermas, la dominación se perpetúa y amplia hoy, no sólo por medio de la tecnología, sino como tecnología, siendo ésta la que legítima el poder político.

Reforma educativa en otros países

Ahora bien, la propuesta de la autonomía de las instituciones educativas también puede ser utilizada como un elemento discursivo que permita enfrentar de manera creativa las nuevas condiciones de dominación relacionadas con la deslegitimación de los supuestos que reducen los países de América Latina a consumidores acríticos de las tradiciones de producción de verdad generados en los países "adelantados"; sobre todo si se entiende la autonomía como la posibilidad de interpretar las multideterminaciones discursivas que definen el devenir de las comunidades educativas.

En este sentido, puede ser conveniente capitalizar para nuestro beneficio el análisis crítico de experiencias semejantes de reformas educativas introducidas en años anteriores en otros países.

El enfoque que promueve la formulación de proyectos por parte de las instituciones se aplicó inicialmente dentro del sistema educativo francés (Mafpen, 1990). Allí surgió como una iniciativa a partir de 1982, con la promulgación de la Ley de Renovación de Escuelas, reflejo y fruto de la conjugación de diversos factores: factores políticos que promulgaban la descentralización; factores económicos de crisis que motivaron a las industrias a formular proyectos de empresas con muy buenos resultados; y factores sociales que, según los promotores de la reforma, ponían en tela de juicio la utilidad de la escolarización homogénea para una población cada vez más heterogénea.

Elaborar proyectos educativos en las instituciones educativas francesas se relacionó con la adhesión a un proyecto de cambio social: el paso de una democracia representativa a una participativa, y el establecimiento de espacios para que los actores sociales se convirtieran en instituyentes y dejaran de ser sólo instituidos respecto de su responsabilidad social.

Dentro de la propuesta francesa se insistió en la importancia de que el proyecto de plantel no se disociara del Proyecto Educativo Nacional; en su concepción, el Proyecto Educativo Nacional enmarca y da un norte a los de plantel: los objetivos generales del Proyecto Institucional deben concordar con los objetivos trazados a nivel nacional. Consecuentemente, se indicó que el proyecto de cada establecimiento debía generar un máximo de coherencias:

- Coherencia dentro del plantel: promover una gestión que respete los diferentes actores (identidades, valores), y que promueva el trabajo en común alrededor de objetivos y de acciones.

- Coherencia entre el plantel y su entorno: articular la institución escolar a las familias, la municipalidad, las asociaciones de vecinos y otras organizaciones sociales y económicas.

- Coherencia entre los niveles institucional (entre planteles), local, regional y nacional: definir objetivos comunes a todos, pero que cada uno pueda y deba lograr a su manera, innovando, inventando, con los recursos a su disposición y de acuerdo con la iniciativa propia que desarrolle, concertando con los planteles vecinos.

De esta forma, se supone que el Proyecto de Plantel es expresión de la política educativa nacional en el ámbito de los establecimientos educativos (de los fines y objetivos de la educación definidos para todo el país y de la propia filosofía del plantel) y contiene la programación de las acciones, al tiempo que garantiza su cumplimiento, mediante la asignación de responsabilidades particulares.

En términos de enfoque administrativo, los proyectos de los establecimientos educativos se presentaron en Francia como un "conjunto coherente de objetivos, métodos y medios particulares que la institución escolar define con la finalidad de participar en los objetivos nacionales" (Mafpen, 1990:25). Sin embargo, en la propuesta francesa se ha planteado que no se antepone un modelo organizativo a los proyectos de plantel, sino que se supone que cada proyecto ideará el suyo de acuerdo con las necesidades y las propuestas de las voluntades participantes.

A partir de entonces, los proyectos de plantel se han generalizado y extendido por Europa y América. En España, por ejemplo, se ha puesto en marcha una reforma educativa que coloca en su núcleo la elaboración de proyectos institucionales, alrededor de los cuales se desarrollan proyectos curriculares adaptados a lineamientos nacionales, pero que son una construcción propia de cada comunidad educativa. Coll y Martín (1990) comentan que la reforma educativa española aspira a alcanzar un equilibrio entre dos exigencias irrenunciables: la voluntad de garantizar que todos los estudiantes tengan acceso a las experiencias educativas y a los aprendizajes escolares, considerados esenciales para su adecuado desarrollo y socialización; y, por otra, la aspiración de una enseñanza ajustada a la enorme diversidad de capacidades, intereses y motivaciones de los alumnos y alumnas.

En América Latina, con el apoyo de organismos de cooperación internacional, se han organizado equipos de planificadores educativos cuyas obras señalan la conveniencia de los proyectos educativos para mejorar la gestión de los planteles, con el fin de cualificar los resultados educativos de los países; tal es el caso de Venezuela y Ecuador donde, con el apoyo del Centro Interamericano de Estudios e Investigaciones para el Planeamiento de la Educación [CINTERPLAN], se organizaron equipos para participar en el Programa de Formación de Recursos Humanos en Gerencia Educativa (Cfr. Herrera y López, 1993 y Chaves, 1994).

El caso de Colombia

Dados todos estos antecedentes, es explicable que se haya hecho parte del discurso oficial declarar que la educación colombiana no es de calidad y que requiere un cambio. De acuerdo con los antecedentes mencionados, para enfrentar esta situación se insiste actualmente en la conveniencia de fortalecer la autonomía de los establecimientos educativos, dentro del contexto de un proyecto nacional de descentralización, orientado a la modernización del Estado. Se propone que se trabaje en Colombia por el mejoramiento de la Calidad de la Educación, mediante la elaboración de proyectos, estrategia con la que se responsabiliza a los establecimientos educativos para crear modelos pedagógicos y administrativos alternativos.

De acuerdo con esta situación, la Ley 115 de 1994 ordena elaborar Proyectos Educativos Institucionales en los cuales

> *se especifiquen entre otros aspectos, los principios y fines del establecimiento, los recursos docentes y didácticos disponibles y necesarios, la estrategia pedagógica, el reglamento para docentes y estudiantes y el sistema de gestión, todo ello encaminado a cumplir con las disposiciones de la presente ley y sus reglamentos* (Art. 73).

El hecho de declarar la autonomía de los establecimientos está asociado con la modificación de las funciones del órgano rector de la actividad educativa a nivel nacional. La ley 115 de 1994 asignó al Ministerio de Educación Nacional de Colombia, entre otras, las funciones de formular políticas, establecer metas, aprobar planes de desarrollo del sector, diseñar lineamientos generales de los procesos curriculares, fomentar innovaciones, promover la investigación, evaluar y controlar los resultados de los planes y programas educativos, coordinar a través de las Secretarías de Educación la ejecución de los planes de desarrollo educativo en los departamentos, distritos y municipios, etc. (Art. 148), dejando atrás las funciones de administrar al personal docente, establecer contenidos y actividades para los planes de estudio y supervisar directamente la ejecución de los mismos[4].

Pero este cambio de funciones exige crear nuevos dispositivos de control por parte del Estado. En esta dirección, la Ley 115 de 1994 reestructura la inspección y vigilancia de la educación (Art. 168), y crea el Sistema de Acreditación (Art. 74), el sistema de información (Art. 75) y el Sistema Nacional de Evaluación de la Educación [SNEE] (Art. 80), orientado a velar por la calidad de la educación, la mejor formación moral, intelectual y física de los educandos y el cumplimiento de los fines y objetivos de la educación.

Ya que el funcionamiento descentralizado de la educación exige la verificación del cumplimiento de los fines generales y de las funciones propias de cada nivel (especialmente en el caso de la educación formal), la misión fundamental del SNEE consiste, según la Ley 115, en caracterizar y juzgar, desde el nivel central, la calidad de la enseñanza, el desempeño profesional de los docentes y de los docentes directivos, los logros de los alumnos, la eficacia de los métodos pedagógicos, de los textos y materiales empleados, la organización administrativa y física de las instituciones educativas y la eficiencia de la prestación del servicio.

---

4   Respecto de las funciones que antes tenía el Ministerio de Educación Nacional, se puede señalar que, según Hernández (1984), la reforma curricular de 1982 en Colombia había constituido una transformación en la forma de operar del MEN respecto de la concepción del currículo, ya que en esa oportunidad se pasó de formular listados de contenidos a presentar "actividades sugeridas" para impartir la enseñanza de determinados temas.

La creación de estos dispositivos de control está presente también en las recomendaciones actuales de los organismos internacionales. En el texto de Tedesco (1993) se aprecia la recomendación de fortalecer los sistemas de información sobre los resultados que logra la educación de un país, con el fin de fomentar discusiones objetivas sobre el estado de la educación. Señala el autor que, si la sociedad ha de asumir la responsabilidad de definir la educación,

> *debe disponer de una fuerte capacidad de anticipación y para ello ha de contar con diagnósticos acertados sobre la situación presente, un alto grado de información sobre las tendencias mundiales y mecanismos de evaluación de los resultados de las acciones emprendidas, que permitan efectuar cambios antes que ciertos resultados se consoliden y su modificación sea difícil y costosa.*

En general, la propuesta de que la institución formule un proyecto educativo se presenta como una estrategia para que los agentes de la educación pasen, de ser ejecutores, a asumir un rol más activo; es decir, responsables de la acción, capaces de interpretar y realizar innovaciones en el marco de los planes y programas nacionales. Como dispositivos de control se crean sistemas de seguimiento y evaluación a distancia.

Así, en Colombia se establece la descentralización y la responsabilización de los establecimientos educativos en el cumplimiento de los fines de la educación, y se institucionalizan prácticas globales de evaluación para todo el sistema educativo (Cfr. SINECE, 1992). En estas condiciones se espera que la educación prepare a los ciudadanos para hacer frente a las exigencias de la sociedad del próximo milenio, preparación que se concibe fundamentalmente en términos de preparación de recurso humano (Cfr. *Colombia: al filo de la oportunidad*, 1994 y *Salto social*, 1994).

En este sentido, sería importante considerar el análisis de Desrosières (1995) sobre la evolución del saber en el campo de las ciencias sociales y la forma como éstas han contribuido a estructurar discursos sobre la sociedad, transformando las nociones explicativas de los hechos sociales en datos susceptibles de ser interpretados mediante la estadística. Desde la perspectiva de Desrosières, las prácticas sociales y las científicas construyen hechos que se sostienen entre sí, los cuales una vez construidos adquieren existencia suficiente como para que nadie pueda negarlos: destaca el autor el modo en que la estadística ha sido utilizada como medio para hacer generalizaciones, y denuncia cómo el investigador se ha convertido en consumidor de códigos clasificatorios predefinidos para luego justificar determinadas políticas que definen el rumbo de los hechos sociales.

En relación con el análisis de las condiciones de posibilidad que crea el discurso de la autonomía, es importante constatar la incapacidad histórica de los modelos de Estado y las correspondientes políticas sociales implantados en Latinoamérica para la plena promoción de espacios de participación popular. Max-Neef y otros (1986), al revisar la evolución histórica de estos procesos, señalan que los modelos democráticos instaurados en América Latina, a partir de los procesos de independencia y constitución de Estados Nacionales, han excluido de la vida política a las masas populares, privándolas de canales de participación social o de presión política, y/o, en un afán por congraciarse con ellas, han establecido desmedidos aumentos de la función reguladora del Estado.

En las condiciones actuales, este hecho lleva a cuestionar la sinceridad de las declaraciones gubernamentales relacionadas con su intención de fortalecer la toma de decisiones participativas sobre asuntos que, como la educación, son de interés común. Por otra parte, justifica preguntar sobre las expectativas que se pueden tener acerca de la tan reclamada vinculación activa de los ciudadanos a la definición de asuntos públicos. En general estos hechos reclaman evaluar la forma como se ha concebido y se concibe la participación ciudadana desde los organismos del Estado y enunciar requisitos para que efectivamente sea posible vincular diversos estamentos de la sociedad en la construcción de un proyecto educativo cultural para la nación.

Por estas razones se puede aceptar que la democratización del sector educativo consista simplemente en la reducción del compromiso económico del Estado con el gasto del sector y en el fortalecimiento de sus funciones de inspección y vigilancia. Sin embargo, las posibilidades efectivas de mejorar cualitativamente y de democratizar la educación por parte de la sociedad depende de su empeño para definir sentidos alternativos de lo que se considera "educación de calidad", y de su participación en la definición del hecho educativo, de tal forma que la institucionalización de la autonomía por la ley permita a las comunidades educativas cuestionar los planes de desarrollo del gobierno para el sector y para la sociedad.

Es importante considerar ciertas restricciones en la intervención promovida por los organismos internacionales en ciertos países. En relación con la naturaleza de las reformas educativas orientadas por los organismos internacionales, Tedesco (1993) da a entender que los efectos de ellas tan sólo se aprecian en los países de América Latina y en los Estados Unidos. Señala, por ejemplo, que el caso de los países asiáticos merece una consideración aparte, debido a la significativa influencia de los factores culturales en general y del rol de la familia en particular. Igualmente, en el caso de los países con fuerte influencia del integrismo islámico, los cambios educativos se asocian al problema de la pugna entre tradicionalismo y modernización, los cuales, a decir del autor, inciden directamente sobre las posibilidades de éxito de cualquier estrategia de aprendizaje. Ha de entenderse que los lugares excluidos corresponden a países en los cuales la fortaleza de las culturas propias ha impedido la aplicación de los modelos educativos promovidos internacionalmente. Estos comentarios son un indicio del papel homogeneizante cumplido por las reformas promovidas desde los centros que orientan la evolución de las naciones "modernas", al tiempo que aportan nuevos elementos a la conceptualización de los rumbos que puede tomar la práctica educativa, ya que la educación tan sólo puede entenderse dentro del marco que le da la cultura.

Capítulo 2

El modelo de administración burocrática en educación

La noción de modelo administrativo

Antes de presentar el modelo de administración burocrática, conviene hacer algunas aclaraciones sobre el sentido que se atribuye en este trabajo a la noción de "modelo administrativo". Aquí, se entiende la educación como un aspecto del funcionamiento general de órdenes sociales que toma forma a partir de los discursos que configuran dichos órdenes. Los modelos administrativos son esquemas que reflejan las propiedades estructurales de las prácticas que configuran un orden social. El modelo administrativo determina los elementos incluidos, los mecanismos de control que se tienen en cuenta, los aspectos de funcionamiento que se destacan y los fines atribuidos a su devenir.

En la medida en que dichas prácticas son un producto de la representación simbólica del funcionamiento del orden social y, si se supone que el modelo recoge los elementos centrales de la naturaleza de dicho orden, el modelo será parte de la "realidad" de la organización social. Los modelos administrativos, por otra parte, son teorías que corresponden a las interpretaciones que constituyen "la realidad" de un grupo humano en un momento determinado. Por tanto, la representación que se tenga de cada orden social cambiará según las propiedades del discurso sobre los elementos articuladores del proceso de construcción de sentido dentro de dicha organización, tanto en el orden colectivo como individual.

La racionalidad del modelo burocrático

Para definir el modelo de administración burocrático se parte de la taxonomía de la acción social elaborada por Weber (1977) y de su teoría sobre "la acción racional con arreglo a fines" y sobre "la burocracia" como forma que adquiere el orden social orientado por esta racionalidad. Según este enfoque, la administración burocrática de las unidades productivas busca que los medios conducentes al logro de una finalidad se seleccionen de manera tal que garanticen con certeza el logro de las metas de producción de bienes y/o servicios (eficacia), y que lo hagan reduciendo al mínimo los costos (eficiencia). El cumplimiento de estas propiedades demanda la investigación sobre las alternativas más apropiadas en cuanto al uso de recursos; en particular, se analizará cuidadosamente la organización del trabajo. Así, la administración de las unidades productivas deviene "científica", es decir que las prácticas y procesos en las organizaciones se vuelven objeto de análisis objetivo, tarea de especialistas, con el propósito de ordenar el quehacer de obreros y funcionarios a quienes se aplican procesos técnicos de supervisión y control en relación con los parámetros de eficacia y eficiencia.

La racionalidad de la burocracia implica, entonces, acciones ordenadas, según una definición explícita de las metas por alcanzar, y un cálculo crecientemente preciso de las medios más efectivos para conseguirlas.

En un sistema burocrático, para contar con una definición del trabajo, han de especificarse claramente las relaciones de autoridad y las responsabilidades para cada puesto; el cumplimiento del conjunto de funciones de la empresa está organizado según jerarquías o cadenas de mando; además, las directivas serán seleccionadas según calificaciones determinadas por la formación y los exámenes. Se cree que la burocracia está basada en una autoridad legal-racional, por oposición a la autoridad que funda su legitimidad en la tradición o el carisma.

Rizvi (1993) destaca la distinción que hace Weber entre la acción racional con arreglo a fines y de la acción con arreglo a valores, así como su planteamiento de que éstos no pueden ser sometidos al escrutinio de la razón. Indica que dados estos supuestos, la organización en sí misma se ve como una entidad que por su naturaleza está orientada a la eficiencia y a la efectividad, que es neutral con respecto a las metas para cuyo servicio ha sido creada.

En términos generales, la burocracia puede caracterizarse como acción estratégica: la acción tiene unos fines por realizar y el ordenamiento de sus miembros permite que los superiores dirijan la acción de sus subordinados para que contribuyan al fortalecimiento del orden social ya existente. En estas condiciones, la racionalidad práctica se ve restringida por consideraciones de carácter instrumental: los procesos de construcción de sentidos y la coordinación de las acciones entre los hombres con el fin de realizarlos se asume, no como un asunto de construcción de normas intersubjetivamente válidas mediante la discusión de los resultados y los intereses asociados a distintos cursos de acción, sino como un asunto de ajuste de los fines a los medios atendiendo a parámetros de rentabilidad. Por tal motivo, se confía en que estos criterios se logren de la mejor forma mediante la especialización creciente y la diferenciación técnica.

Según Habermas (1989c), Max Weber introduce el concepto de racionalidad para definir la forma de la actividad económica capitalista, del tráfico social regido por el derecho privado burgués, y de la dominación burocrática. Racionalización significa, en primer lugar, la ampliación de los ámbitos sociales que quedan sometidos a los criterios de la decisión racional, y en segundo lugar, la industrialización del trabajo social, con la consecuencia de que los criterios de la acción instrumental penetran también en otros ámbitos de la vida (urbanización de las formas de existencia, tecnificación del trabajo social y de la comunicación).

En general, se puede decir que el discurso burocrático insiste en la adecuación de los medios a los fines preestablecidos y en la introducción de prácticas de comunicación relacionadas exclusivamente con estos asuntos, reduce la toma de decisiones a aspectos de carácter operativo, fundamenta dichas decisiones en el saber técnico (establecido como único, pertinente y efectivo, cuyos principales voceros serán los especialistas) e intenta reservar la competencia para orientar el rumbo general del orden social a sectores de la sociedad que, en virtud de procesos históricos de dominación de otros, supuestamentamente tengan la capacidad suficiente para definir los parámetros que deben ser tenidos en cuenta.

Estas forma de funcionamiento se deben a la creencia en la existencia de verdades únicas, la evolución lineal hacia fines preconcebidos, el progreso indefinido, la libertad como independencia o neutralidad frente a valoraciones de los sentidos propuestos, la transformación del orden social mediante conocimientos "positivos" independientes de la perspectiva del sujeto y que se corresponden con la naturaleza intrínseca de las cosas, en la legitimidad del saber propio de la ciencia y la técnica.

El ámbito educativo

El discurso sobre la educación participa de este estado de cosas: para Díaz Barriga (1984), el modelo educativo instaurado a partir del proceso de industrialización buscó conciliar a nivel pedagógico las exigencias de los procesos industriales, instauró una dimensión humana —el hombre productivo— como factor relevante para la valoración social, y desde ahí constituyó una teoría educativa fundada en la promoción unidimensional de esta "productividad". Según Chaves (1994), la educación se concibe como un proceso de producción, reproducción y distribución de conocimiento, orientado al logro de la eficacia económica global; es decir, está enmarcada dentro de la racionalidad que orienta a la sociedad en su conjunto.

Así, no es difícil entender cómo, para muchos administradores del sector educativo, las condiciones que garantizan el éxito en la producción de un servicio al que se denomina educación son la definición anticipada de objetivos generales y específicos de una forma clara y precisa, la evaluación exacta del cumplimiento de las metas en términos cuantitativos, la oportuna consecución y eficiente administración de diversas cosas y seres humanos.

Al comparar el esquema ideal de la burocracia con los estilos administrativos vigentes en las escuelas, se observa lo siguiente: existe una división funcional del trabajo en donde cada funcionario tiene tareas fijas y especializadas, ordenadas por reglamentos; las tareas están divididas en unidades descritas claramente, fácilmente controlables; la estructura organizacional de la escuela es estrictamente jerárquica con niveles de autoridad claramente señalados; existen documentos en los que se especifican los reglamentos para docentes y docentes directivos vigentes; además, los cargos en las escuelas han sido asignadas con base en exámenes y según los títulos con que cuenta el funcionario.

Se deduce que en la educación predomina un enfoque estratégico, un cuerpo teórico metodológico que guía los procesos de toma de decisiones y de intervención de la realidad educativa basado en el análisis, organización, dirección y control de los sectores involucrados, con el fin de optimizar los procesos y "mejorar los resultados". Así, la gestión de la educación se concreta en el diseño, ejecución y evaluación de un producto.

Resultan descriptivas de la forma actual de pensar de los educadores de todo nivel las observaciones de Ball:

> *En los círculos relacionados con la educación, el término "gestión"* [management] *ocupa un lugar especial y reverencial. La necesidad de la "buena" gestión de las escuelas y universidades es una cuestión sobre la que el acuerdo es masivo entre las prácticas de la educación de todo linaje y opinión. La gestión constituye "la mejor forma" de dirigir las instituciones educativas [...] la gestión desempeña un papel clave en el proceso en marcha de reconstrucción del trabajo docente* (1994:155).

Es inevitable que, en este enfoque, la toma de decisiones esté relacionada con el establecimiento de las mejores secuencias de operaciones y el mejor uso de recursos, y que la autonomía de los ejecutores se relacione con realizar las tareas de la forma más adecuada, según los parámetros establecidos por las técnicas en un área de conocimiento que se supone muy desarrollada y, por tanto, llena de verdades incontrovertibles. La evaluación consistirá en ver si los objetivos se cumplen en los plazos esperados y si ellos se logran según los principios de racionalidad económica: minimizar costos y maximizar utilidades.

La existencia de una meta formulada sin discusión previa y sin lugar a consideraciones valorativas, exige dar por sentado que alguien conoce con certeza los resultados que orientan la acción, y que estos son igualmente deseables para todos los involucrados en esa actividad, o que todos deben someterse a considerarlos aceptables; se supone también que, salvo pequeñas variaciones, el transcurso de los acontecimientos es invariable y que, consecuentemente, las organizaciones pueden mantenerse iguales, a excepción de los mínimos ajustes que les permitan no desviarse de su destino.

La inquietud que surge es si en este momento —cuando el discurso educativo incluye nociones como calidad de la educación, descentralización, autonomía institucional— es válido pensar que el modelo administrativo sigue siendo burocrático.

El discurso de la calidad de la educación

Respecto de la Calidad de la Educación se puede observar que el discurso actual insiste en que el conocimiento es un recurso susceptible de ser acumulado en forma desigual y monopólica y que la educación busca facilitar la apropiación de saberes socialmente relevantes (Chaves, 1994). Aunque no se aclara qué son saberes socialmente relevantes, ha de quedar claro que ellos se refieren, de alguna manera, al saber hegemónico, que se presenta como un saber objetivo destinado a ser "transmitido" a los estudiantes, asociado directamente al aumento de la productividad económica.

Vale la pena destacar que, asociados a esta noción de Calidad de la Educación, en cuyo fundamento se halla una imagen de saber, se han configurado dispositivos de control, de ejercicio del poder que posibilitan la enunciación de las propuestas de *participación, de descentralización y de autonomía.* Tal es el caso de los Sistemas de Evaluación de la Calidad de la Educación establecidos en los países latinoamericanos.

Así, la forma actual del dispositivo de control se manifiesta ahora en la distribución de funciones entre los diversos niveles de organización: el nivel central se reserva la competencia para establecer específicamente los resultados a obtener en la actividad educativa, así como el ejercicio de la suprema inspección y vigilancia de la educación; el nivel central de planeación prevé y evalúa cuantitativamente los "ejercicios contables" de las unidades dedicadas a la producción del servicio educativo; los establecimientos planifican la prestación del servicio alrededor del cumplimiento de objetivos de aprendizaje; y, por último, el aula organiza toda la actividad alrededor de "metodologías eficaces" de enseñanza y evaluación para que todos los alumnos desarrollen las habilidades consideradas indispensables.

Bajo estas condiciones, se puede afirmar que el modelo burocrático en educación se ha fortalecido mediante el avance en la construcción y aplicación de mecanismos de control capaces de ser implementados a distancias mayores.

La línea de pensamiento burocrático en educación se muestra en la investigación que ha tratado de determinar las condiciones que garantizarían la eficiencia en la prestación del servicio educativo. Hanushek (1986), asesor del Banco Mundial, se refiere a los "estudios de las funciones de producción del sector educativo, o análisis de input-*output*, o estudios de la relación costos/calidad", como una práctica ampliamente extendida en los sistemas educativos en estos momentos. Explica que tales estudios examinan la relación entre los diferentes insumos y los resultados del proceso educativo. Se trata de investigaciones cuantitativas sistemáticas, basadas en métodos económicos para separar los diversos factores que influyen en el desempeño de los estudiantes.

Estas investigaciones, agrupables bajo la denominación de "Factores Asociables al Logro Cognitivo de los Estudiantes", consisten en averiguar cuáles aspectos de los establecimientos educativos, de las condiciones personales de los estudiantes y del contexto amplio se relacionan con niveles superiores de logro de los estudiantes, y cuáles con niveles inferiores de logro.

En esta clase de estudios se da por sentado que el concepto de función de producción es una herramienta de análisis poderosa que, en su forma básica, parece aplicable a un rango amplio de industrias, desde la petroquímica hasta la educación. Las curvas de las funciones de producción se caracterizan por expresar una relación determinística entre insumos y resultados, pudiéndose variar libremente todos los insumos para llevar a cabo formas técnicas de gestión.

El modelo supone que el logro se puede medir en puntos de tiempo discreto, que el proceso educativo es acumulativo, que el resultado del proceso educativo considerado —el logro de los estudiantes individuales— se relaciona directamente con una serie de insumos, que algunos de estos insumos —las características de las escuelas, de los profesores, del currículo, etc.— están directamente controlados por los diseñadores de políticas, que otros insumos —los aportes de la familia, los aportes de los amigos más el equipamento innato o capacidad para aprender de los estudiantes— generalmente no están bajo control, y que los insumos aplicados alguna vez en el pasado afectan los niveles de logro actuales de los estudiantes.

Estos trabajos conciben cada variable o factor como una condición independiente que contribuye, en alguna proporción, a explicar el resultado de la actividad educativa, el cual se expresa fundamentalmente en el mejor o peor desempeño de los estudiantes en tests que miden el "rendimiento escolar".

Aparentemente este modelo de evaluación generaría las condiciones para cumplir los objetivos de descentralización; permitiría el reconocimiento de la diversidad cultural y la adecuación de la educación a las necesidades regionales. Sin embargo, en relación con el tópico, se pueden recordar las múltiples oportunidades en las que se ha reconocido la importancia de flexibilizar los sistemas educativos, pero también que la existencia de desequilibrios en la asignación de recursos ha sido sistemática (Cfr. el artículo sobre desequilibrios regionales del Proyecto del Sistema Nacional y Regional de Evaluación de la Calidad de la Educación [SINECE], 1990).

Ha de reconocerse que de todas formas, en la práctica, los lineamientos generales y las prácticas de evaluación han sido definidos desde el nivel central por equipos de expertos que juzgan el grado de adecuación de las diferentes culturas a un patrón único. Por otra parte, como ha sido la tendencia hasta el presente, es posible que al analizar los estudios sobre Calidad de la Educación, al considerar el desempeño de diversas unidades territoriales, administrativas y culturales se insista más en comparaciones sobre parámetros homogeneizantes y se hable primordialmente de cuál de ellas tiene mejores o peores desempeños, en lugar de aportar elementos para identificar la presencia de elementos universales en las manifestaciones culturales propias.

En relación con la autonomía institucional, ha de observarse que ella se enmarca dentro del ámbito del orden nacional. La autonomía se entiende como la posibilidad de encontrar medios más eficaces para el logro de los fines generales del sistema, sin que ellos merezcan una amplia discusión. Como se vio para el caso de Francia, se espera que haya coherencia entre los proyectos educativos de cada institución y los de la región, y con el plan educativo nacional.

En Colombia, la autonomía de las instituciones para definir asuntos educativos relacionados con el Proyecto Educativo Institucional se reduce a organizar las áreas fundamentales de conocimiento definidas para cada nivel, introducir asignaturas optativas dentro de las áreas establecidas en la ley, adaptar algunas áreas a las necesidades y características regionales, adoptar métodos de enseñanza y organizar actividades formativas, culturales y deportivas, dentro de los límites fijados por la ley y dentro de los lineamientos que establezca el Ministerio de Educación Nacional *(Cfr. Ley general de educación, Art. 77)*.

En ese sentido, la práctica de la evaluación de logro cognitivo de los estudiantes a través del Sistema Nacional de Evaluación de la Calidad de la Educación, pretende ser un instrumento decisivo que permite realizar la paradoja de alcanzar la autonomía en el contexto de un orden central.

Resulta interesante apreciar que la evaluación aparece como un componente fundamental del control político y como instrumento de disciplina de los actores educativos, quienes llevan consigo la necesidad de soportar la mirada tutelar de una instancia técnica que decide sobre las políticas para el sector mediante la información que aporta; al tiempo, tales actores se hacen calculables, descriptibles y comparables.

Capítulo 3

Crítica al modelo burocrático en educación

La dimensión política

Como ocurre con cualquier discurso, las críticas a la aplicación del modelo burocrático a la educación han sido sistemáticas. Desde una perspectiva filosófica, Heidegger (1989) señala que la planeación es la "metafísica" de nuestro tiempo; ella fundamenta la noción de ser y limita sus posibilidades de manifestación. En tanto la perspectiva determinante es dominar a la naturaleza y al hombre para alcanzar metas predeterminadas, en lugar de recrearse con el mundo, los entes valen en su calidad de "reservas", como sustratos listos para ser utilizados. De esta forma, la técnica impide la manifestación plural del ser y actúa como ordenadora de la vida de los hombres, de su forma de asumir la dinámica del devenir y de entender el tiempo.

Hay que destacar que la eficiencia y la efectividad no son ideales que se pueden proponer como algo que no amerita discusión; antes, ha de analizarse los criterios con los que se considera válida una meta. Los conceptos de efectividad y eficiencia son inseparables de una forma de ordenar la existencia humana en la que la contribución a los fines puede dar lugar a la manipulación de los seres humanos en pautas de trabajo sumisas.

Por otra parte, la preocupación en relación con la "objetividad" de los valores lleva a plantear que ellos son susceptibles de análisis racionales, y a reconocerlos como elementos propios de tradiciones que históricamente les proporcionan criterios contingentes a partir de los cuales puede juzgarse la educación.

Al emprender un análisis sobre el modo de ejercicio del poder, se advierte que la "administración científica", la gestión, en tanto tecnología teórica y práctica de racionalidad orientada a la eficiencia, la viabilidad y el control es, por excelencia, lo que Foucault (1986) llama "tecnología moral" o tecnología de poder: un modelo generalizable de funcionamiento de las organizaciones, una forma de definir las relaciones de poder en la vida cotidiana de los hombres. Así, la gestión constituye una concepción omni abarcadora del control de la organización; por un lado, un conjunto de prácticas que afecta a gestores y dirigidos, permitiendo a quienes se apropien de su discurso reclamar para sí determinados tipos de dominio (dirección de la organización y adopción de decisiones), y, por otro lado, un conjunto de procedimientos que convierte a los demás (los subordinados) en objetos de ese discurso y receptores de los procedimientos.

La gestión y la eficacia en la escuela como discursos específicos crean objetos al identificarlos como tales. Es habitual que, basados en dichos supuestos, los teóricos de la gestión lleven a cabo "prácticas de clasificación", que expongan las prácticas de las escuelas que alcanzaron el "éxito" o la "buena" gestión, que intenten sistemáticamente la creación, la clarificación y el control de "anomalías" que asocien la escuela "pobre" en resultados con la mala gestión y que, con base en estas categorizaciones, emprendan terapias de gestión. En realidad, el lenguaje de las reformas educativas es, desde el principio, un componente esencial de estas tecnologías políticas, de tal forma que donde aparezca una resistencia o un fracaso, se proclama la necesidad de reforzar y ampliar el poder de los expertos.

Para Ball (1994), la gestión, en contra de su aparente neutralidad valorativa, en realidad constituye una tecnología política que construye su superioridad mediante un conjunto de poderosas oposiciones discursivas: sitúa el orden por encima y en contra del caos, la racionalidad contra la irracionalidad, la neutralidad contra el sesgo político, la eficiencia contra la ineficiencia y la meritocracia contra la influencia personal; considera que el mundo social está encerrado en un caos irracional y necesita que, desde fuera, le aporten un orden redentor. En su condición de tecnología política, avanza tomando lo que esencialmente es un problema político —del orden de los intereses y las ideologías que se difunden para sustentar un estado de cosas— y traduciendo dicho discurso político al lenguaje "neutral" de la ciencia. Cuando se ha llevado a cabo esto, los problemas se han convertido en técnicos, propios de especialistas.

Según Rizvi (1993), lejos de ser estructural y políticamente neutral, la burocracia representa valores hostiles al establecimiento de una verdadera democracia; su racionalidad es ideológica en tanto no admite ninguna tensión legítima entre el orden oficialmente prescrito de la estructura formal y las razones de los autores aislada y unitariamente considerados; además, no permite reconocer que los fines sólo se comprenden dentro de un sistema más amplio de creencias y prácticas. Señala que no es cierto que los fines alcanzados siempre hayan sido preconcebidos por los actores, sino que ellos son reflejos retrospectivos más que prospectivas, que es erróneo creer que es posible sentar normas generales que sirvan para todos los casos concretos, y argumenta que las escuelas, más que cualquier otra organización, están caracterizadas por altos niveles de incertidumbre.

Adecuación del Modelo Burocrático al objeto de la Educación

Desde la perspectiva de la naturaleza del proceso administrado, en el caso de la educación se puede pensar que, hasta ahora, el enfoque administrativo ha deformado el sentido del quehacer educativo. Los mismos asesores de los organismos internacionales de crédito recomiendan asumir que el objeto a evaluar está determinado por la concepción que se tiene de la forma como éste se constituye.

Por ejemplo, Hanushek (1986) subraya que la realidad de la educación difiere considerablemente de las suposiciones del enfoque economicista. Efectivamente, se desconoce la función de producción y ella se estima usando datos imperfectos: algunos insumos importantes no son cambiables a voluntad de quien toma decisiones, y algunos valores estimados de la función de producción estarán sujetos a una buena cantidad de incertidumbre.

En apoyo de estas reflexiones, los hallazgos de la investigación señalan consistentemente que las escuelas difieren dramáticamente en "calidad", pero no en razón de los factores rudimentarios que muchos investigadores y diseñadores de políticas han considerado para explicar estas diferencias. Por ejemplo, las diferencias en calidad no parecen reflejar las variaciones en los gastos, el tamaño de los grupos de clase, u otros atributos de las escuelas y los docentes que se miden comúnmente. En lugar de esto, ellas parecen ser el resultado de diferencias en las "habilidades" de los profesores, las cuales desafían las descripciones detalladas[5].

Por esto, las investigaciones actuales en los países industrializados tienden a destacar la importancia de contar con currícula pertinentes; en ellos son cada vez más frecuentes los estudios centrados en la práctica de aula como contexto del aprendizaje escolar y en el docente como sujeto cuyas acciones son determinantes para ofrecer condiciones pertinentes para el aprendizaje de los alumnos. Demuestran dichos estudios que ciertos factores —tales como el nivel de formación de los docentes, su organización en equipos de trabajo, sus niveles de motivación, la representación que ellos se hagan de las potencialidades y posibilidades de sus alumnos— inciden de manera directa en el mejoramiento de la calidad de la educación.

En otras palabras, la calidad de la educación se encuentra asociada directamente a la práctica de aula, a la actividad e interacción entre los diferentes actores escolares. Aunque no sería la primera vez que se descubre que la vida en la institución escolar desatiende las

---

5   La historia del análisis de la función de producción en educación generalmente se remonta al documento *Equality of Educacional Opportunity*, o "Informe Coleman", como se lo conoce más comúnmente (James Coleman y Colbs, 1966, citado por Hanushek). El Informe Coleman se elaboró por mandato del Acta de Derechos Civiles de 1964 y se concibió como un estudio de la distribución de los recursos educativos en Estados Unidos. El estudio, sin embargo, fue más allá de producir un inventario de los recursos escolares: creó una base estadística masiva que contenía información sobre más de medio millón de estudiantes ubicados en aproximadamente 3.000 establecimientos separados; estos datos se emplearon para establecer cuáles de los diversos insumos del proceso educativo eran importantes para determinar el logro de los estudiantes. En pocas palabras, el Informe Coleman parecía demostrar que las diferencias en las escuelas tenía poco que ver con los distintos desempeños de los estudiantes; en lugar de esto, el contexto familiar y las características de los compañeros en la escuela parecían ser más importantes.

necesidades personales y colectivas de sus integrantes, la propuesta administrativa analizada parece coherente.

Afirma el asesor del Banco Mundial que

> [...] la *investigación económica en el ámbito educativo es empírica, y una comprensión de sus resultados debe empezar con un modelo conceptual del proceso educativo. Un punto de partida natural serían los modelos económicos propios de la teoría de la producción y del comportamiento empresarial.*
>
> *Desafortunadamente, las formulaciones standard de los textos de economía y las especificaciones de las funciones agregadas de la producción son de escaso valor como guía del análisis educativo, porque ellas no han sido diseñadas para enfrentarse con las preguntas minuciosas que constituyen la preocupación central de los educadores y se requieren modificaciones sustanciales en el marco standard del modelo para que se acomode a los propósitos del diseño de políticas. Sin embargo, luego de hacer tales modificaciones puede encontrarse que los modelos resultantes sean tan diferentes que se requiera una nueva nomenclatura. La modificación más importante incluye la interpretación de la noción de "eficiencia económica", un concepto que tiene un significado muy claro en los textos de análisis de las teorías sobre empresas, pero que se vuelve muy oscuro en el mundo de la educación pública.*

Las observaciones de Hanushek llevan a reflexionar sobre un asunto fundamental: la relación entre la definición del método y el objeto de estudio. Aunque para algunos administradores de empresas es claro que el objeto que se administra determina las prácticas administrativas aplicables y recomendables, esto no siempre ha sido claro para los administradores educativos, quienes con frecuencia han confundido producción de bienes con producción de servicios, y producción de mercancías con promoción del desarrollo de seres humanos mediante su inserción en núcleos sociales.

Según Carr (1993), los juicios sobre la "calidad" sólo pueden efectuarse apelando a criterios derivados del valor intrínseco de la actividad que es juzgada. Por esto, indica que la definición de la Calidad en Educación requiere explicitar si los criterios que van a ser empleados se derivan de valores propios de la educación o de valores instrumentales. En el primer caso, la educación será de "calidad" en la medida en que cumpla con los fines intrínsecos de esta actividad. En el otro caso, será de calidad si sirve a propósitos externos, tales como adecuar sectores amplios de la población a las demandas del mercado de trabajo.

Por otra parte, y tal como se indica en el documento del SINECE (1992), el concepto de Calidad de la Educación admite múltiples interpretaciones; es relativo a perspectivas: al contexto histórico dado dentro de una sociedad específica (responde a características y desarrollos de una sociedad en un momento determinado), a definiciones más precisas que el sistema educativo da a través de los currícula que se proponen, a los intereses y expectativas de grupos particulares, a modelos pedagógicos diferentes, al desarrollo de disciplinas básicas que apoyan y algunas veces son pilares de la pedagogía, entre otras; por ello precisa contextualización clara y explicitación desde el espacio desde el cual se lo aborda.

Según Díaz Barriga (1994), ha de destacarse la importancia que adquiere la delimitación de un objeto de estudio, ya que actualmente se reconoce que se conoce, no por casualidad o accidente, sino por dentro de una estructura de problemas que delimitan las preguntas que se dirigen a un objeto (virtual o real).

En la teoría del conocimiento, el objeto de estudio no preexiste al acto de conocer, sino que es una construcción realizada a partir de las teorías que conforman el marco teórico del trabajo a desarrollar. De esta manera, el objeto es construido por el sujeto y no se encuentra estáticamente en "la realidad".

Impacto social de la visión de evaluación

La visión de evaluación predominante en este modelo se mueve dentro de un síndrome de cuantificación que le impide acceder a la comprensión de los procesos educativos de los que pretende dar cuenta; se considera que ella sólo tiene validez si se hace desde perspectivas de análisis experimental, descuidando la construcción del objeto y magnificando el valor de la técnica. Esta perspectiva de la evaluación requiere fundamentalmente la presencia de "expertos". Sin embargo, tales expertos no son seleccionados por un saber disciplinario, sino básicamente por su manejo técnico-estadístico de problemas no reales.

Díaz Barriga (1994) relaciona esta situación con el establecimiento en América Latina de una política educativa de corte neoliberal que responde a los postulados de racionalidad que impone una situación de crisis económica, y que se caracteriza por un discurso que destaca nociones tales como calidad de la educación, eficiencia y eficacia del sistema educativo y orientación de la enseñanza a las exigencias de la modernización y/o la reconversión industrial. Aclara que, en términos operativos, esta política se concreta en disminuciones proporcionales del presupuesto destinado a educación, de tal forma que cada día sea menor el gasto por estudiante en el sistema educativo. En estas condiciones, se buscan justificaciones "académicas" que permitan fundamentar las restricciones en la posibilidad de ingreso a los niveles superiores de educación. Mediante la aplicación de exámenes se legitiman supuestas discapacidades de los aspirantes a cupos en los centros educativos.

Según él, la práctica actual de aplicación masiva de pruebas para determinar los niveles de logro de los estudiantes obedece a una concepción cientifista de la educación, que ha conducido el debate pedagógico a consideraciones de definición operacional del rendimiento académico y a la aplicación de procedimientos estadísticos para "medir" atributos psicológicos-cognitivos en particular; pero, además, asocia estas prácticas al fortalecimiento de estrategias de control que permitan a los Estados garantizar la homogeneidad de las poblaciones que gobiernan.

Las apreciaciones de este autor coinciden con las hipótesis de Foucault (1986), según las cuales el ejercicio de la disciplina presupone un mecanismo que coacciona por medio de la observación: un aparato en el que las técnicas que hacen posible ver inducen los efectos del poder y en el que, a la inversa, los medios de coerción hacen claramente visibles a aquellos a quienes se aplican.

Ahora es común encontrar cómo en cada pais la toma de decisiones recae crecientemente sobre un equipo de gestión, y cómo se separa la discusión de la normatividad que regula la acción de la ejecución de los programas, de tal forma que la distancia entre los trabajadores y la dirección se amplía, al tiempo que los dispositivos de control de trabajo del profesor aumentan de manera compleja y acelerada. A la configuración de esta situación contribuye el desarrollo de estrategias globales de evaluación que permiten la comparación de los resultados obtenidos para que, mediante el desarrollo de esquemas de evaluación de profesores y el uso de exámenes de cohortes se pueda hacer un seguimiento de la Calidad, y de las variables controlables por los diseñadores de políticas para el sector, de tal forma que sea cada vez más probable implementar esquemas técnicos de supervisión, vincular directamente el salario y la promoción con los resultados, y controlar desempeños anómalos de distintas entidades vinculadas con la prestación del servicio.

Sobre el impacto de la implantación de los sistemas de Evaluación de la Calidad, podrían ser esclarecedores los casos de Inglaterra y Australia. Ball (1994) denuncia que en Inglaterra, como parte de una maniobra de la "derecha radical" para lograr un control más férreo de los procesos de enseñanza, la teoría clásica de gestión se manifiesta como el discurso de dirección vigente en el ámbito educativo: las fórmulas de remuneración y las condiciones de los profesores relacionadas con el ejercicio de operaciones claramente definidas, la exigencia de preparación especializada para poder ocupar cargos directivos, el control del currículum y la posibilidad de realizar pruebas comparativas a los estudiantes.

Según Ball (1994), en Inglaterra y Gales, a partir de la reforma educativa de 1988 quedó transformada la auténtica naturaleza de la escuela en cuanto organización, de tal forma que esta transformación ha empezado a modificar la dirección de las escuelas desde un estilo profesional colegial a otro de gestión burocrático; las tareas docentes están cada vez más sometidas a la lógica de la producción industrial y de la competencia de mercado; los profesores se encuentran cada vez más sujetos a sistemas de racionalización administrativa que los privan de voz efectiva en el proceso de toma de decisiones importantes.

Para el caso de Australia, Kenway (1994) ha narrado lo ocurrido en ese país durante los años 80. En el contexto de una crisis económica que ha ido acompañada de cambios en el mercado de trabajo, en la tecnología y en la vida social, crisis que provocó agitación e incertidumbre en la vida cotidiana de muchas personas y aumentó la preocupación de los padres por el futuro de sus hijos, la derecha política emprendió una fuerte campaña ideológica de promoción de la enseñanza privada y concomitantemente de desprestigio en contra de las escuelas estatales.

Parte de la campaña se fundamentaba en un debate sobre los niveles de la enseñanza, aduciendo que la calidad de la educación en las escuelas privadas era superior a los niveles que alcanzaba ésta en las escuelas estatales. El discurso sobre la calidad defendido por la "derecha" se basaba en la idea de dominio de nociones y conceptos que presentaban como prerrequisito para un buen desempeño en los niveles superiores de educación o en el mercado laboral y que, por supuesto, deberían estar incluidos en los currícula de las "buenas escuelas"; insistían en señalar, además, que los niveles tenían que ver tanto con el nivel de lo que se ofrece como con el exigido a los alumnos.

La derecha australiana aducía que el descenso en la calidad de la educación tenía que ver con la ampliación del currículum de la escuela secundaria, con el descuido en la enseñanza de las disciplinas y con la introducción, en el currículum, de estudios sobre los medios de comunicación, la educación sexual, la paz y las diferencias de género, estudios que se asocian con infiltración ideológica.

Con base en estas afirmaciones, los políticos de "derecha" promovieron el interés público por los contenidos y el estilo curriculares y por la aplicación nacional de pruebas de lectura, escritura y aritmética. A partir de los resultados de dichas pruebas, se señaló constantemente que los niveles de logro de las escuelas estatales en estos exámenes nacionales era inferior al de las escuelas privadas.

Con base en estas diferencias, se alegó el derecho de los padres a garantizar para sus hijos niveles elevados de calidad y se solicitó al gobierno que contribuyera a financiar las escuelas privadas, que eran las que efectivamente educaban en los saberes fundamentales. El sector político de "derecha" señaló, entonces, al sistema escolar estatal como una institución que desilusionó y confundió a los padres. En su discurso, se presentaba la enseñanza privada como el reverso del sistema estatal. Las escuelas privadas aparecieron como ejemplo de logro de los estudiantes, como símbolos de la excelencia y el éxito educativo y de la conveniencia de los enfoques tradicionales de enseñanza.

El análisis de Kenway (1994) lleva a pensar que la "derecha" educativa en Australia logró apoyar la escuela privada adoptando el papel de vigilante del sistema educativo: construyó un régimen de verdad para definir lo que habría de entenderse como educación normal, moral y socialmente responsable. Como parte de la estrategia, asumió, con base en los exámenes masivos, el papel de árbitro moral y de ente solidario con los padres preocupados por capacitar a sus hijos para hacer frente a las duras realidades de un mundo competitivo. Aprecia el autor que la construcción de oposiciones binarias con polos positivos y negativos fue un mecanismo que permitió enfrentar a profesores y padres, equiparar tradición, autoridad, disciplina y enseñanza de contenidos con excelencia y, en cambio, currícula alternativos con caos y decadencia educativa, social y económica.

En relación con el papel de los exámenes en el sistema educativo, Díaz Barriga (1994) aclara que los sistemas de calificación escolares no son inherentes a la práctica educativa. Afirma que la asignación de notas no responde a un problema educativo, ni forzosamente está ligada al aprendizaje; su tarea está más cercana al ejercicio de poder y al control. Indica la conveniencia de no independizar las consideraciones sobre los exámenes de análisis críticos sobre la educación en general.

Plantea que en el examen se realizan inversiones de las relaciones sociales y pedagógicas: se presentan como relaciones de saber las que efectivamente son relaciones de poder, ya que el examen fundamentalmente opera como instrumento que perpetúa diferencias de oportunidades para individuos que pertenecen a clases con participación diferencial en la estructura de poder de un sistema político y económico.

Propone que se revisen las prácticas desde una perspectiva pedagógica, de manera que se entienda que los exámenes deben analizarse como componentes de los métodos de enseñanza, de tal forma que efectivamente contribuyan al aprendizaje.

Tal como señala Apple (1986), una perspectiva tecnocrática piensa la educación como algo alejado de consideraciones políticas y morales; cree que la toma de decisiones se refiere a "problemas técnicos" solucionables con la consulta a expertos y con el establecimiento de estrategias de tipo instrumental. Este alejamiento de consideraciones de carácter ético y político, oculta el status de reproducción cultural y, por tanto, el carácter ideológico de la acción educativa.

Por otra parte, conviene tener en cuenta la advertencia de Katz (citado por Rizvi, 1993), quien señala que no podemos contemplar formas alternativas de vida a la dada por los parámetros de la burocracia, porque continuamos valorando el orden, la eficiencia y la uniformidad, por encima de los ideales de espontaneidad, reciprocidad, variedad y flexibilidad.

CAPÍTULO 4

EL MODELO PROPUESTO

Ante todo, ha de reconocerse como pretencioso hablar de posiciones alternativas, si se asume que no es posible estar por fuera de una concepción de mundo históricamente determinada, común a grupos sociales. Tan sólo se puede prometer adoptar una posición que plantee la posibilidad de ver un panorama nuevo al poner en entredicho los supuestos identificados como los fundamentos de la visión dominante.

En este sentido, se podría retomar la idea de Foucault según la cual la verdadera tarea política consiste en criticar las obras de las instituciones que aparecen neutrales e independientes; en criticarlas de modo que la violencia política que siempre se ha ejercido a través de ellas quede desenmascarada, de modo que podamos luchar contra ellas (Cfr. Foucault, 1980).

Si se acepta que la naturaleza del objeto determina las prácticas administrativas, el punto de partida para definir un modo de ser de lo educativo consiste en analizar el discurso en que se fundamenta la estructura y el funcionamiento de la educación.

El modelo administrativo propuesto, en su calidad de esquema que refleja las propiedades estructurales de las prácticas sociales que configuran la educación, rechaza la predeterminación de los fines de la acción en la educación y, en su lugar, defiende la posibilidad de construir sentidos compartidos en las comunidades y en la sociedad a partir del reconocimiento y del respeto por la diversidad de orientaciones presentes en tales espacios, destaca como mecanismo evolutivo la comprensión de los distintos discursos, asume el poder como dimensión inherente a la realidad social, poder que se construye a partir de estrategias y procedimientos de dominación a los que se asocian "juegos de verdad" institucionalizados con el propósito de consolidar la posición diferencial de diversos grupos en la estructura social.

A continuación se desarrollan diferentes campos temáticos que configuran el discurso propuesto con el fin de generar un modelo administrativo no burocrático alrededor de los Proyectos Educativos Institucionales y la Evaluación de la Educación en su calidad de elementos centrales de la reforma educativa institucionalizada mediante la Ley 115 de 1994[6].

---

6   Con el propósito de animar la transformación del acontecer educativo, el autor de este trabajo participó en la construcción de un documento mediante el cual se pretendía contribuir a la dinamización de un debate nacional sobre la educación que apoyara la emergencia de múltiples posiciones y permitiera el posicionamiento de las comunidades educativas en el proceso de construcción de su propia realidad. La segunda parte, de dicho documento, la que prepara orientaciones para elaborar planes operativos, es una cesión a la exigencia de incluir elementos correspondientes a visiones estratégicas; en ella se intentó crear espacios para que el planeamiento pueda llegar a tener

La noción de realidad humana

Se parte, en esta propuesta, de la desconfianza que en la actualidad han despertado las concepciones que conciben la historia de la humanidad como un avance constante hacia la manifestación de la plenitud del Ser. Se asume como punto de partida lo que Vattimo (1989) ha denominado "ontología del declinar" que asume al Ser como algo de naturaleza histórica y, por tanto, cambiante y transitorio, y no como un sustrato que remite a propiedades trascendentales que justifican propuestas de valores eternos. Este autor plantea que, de acuerdo con la perspectiva de Heidegger, el Ser no es lo que está; es lo que deviene y tiene una historia, una "permanencia" a través de la multiciplicidad concatenada de los significados y de las interpretaciones, multiplicidad que constituye los cuadros y la posibilidad de nuestra experiencia.

Se puede entonces asumir también la posición de Foucault (1990) según la cual no existe una forma absoluta de racionalidad con la que la realidad pueda ser comparada y evaluada. En vez de ello, el problema es investigar las racionalidades inscritas dentro de diferentes prácticas sociales, determinar cómo una forma específica de racionalidad construye simultáneamente leyes y procedimientos para hacer afirmaciones sobre la realidad, y cómo proporciona los criterios con los que se puede demostrar la inteligibilidad y la racionalidad de los discursos y las prácticas.

---

un carácter abierto, para que la noción de gestión esté más de acuerdo con una visión participativa del proceso de toma de decisiones y de construcción colectiva de sentido y para que la concepción de recursos esté de acuerdo con una comprensión distinta del hecho educativo. Se invita al lector a contrastar la mirada teórica de este libro con los desarrollos plasmados en el documento *Reflexiones sobre los Proyectos Educativos Institucionales y Guía para la construcción de planes operativos por parte de las Comunidades Educativas* [citado].

Se afirma, con Barthes, que el mundo del hombre se ubica, indefectiblemente, en el campo de acción de lo ideológico: "Cada pueblo posee un universo de conceptos matemáticamente repartidos, y bajo la exigencia de la verdad, comprende que desde allí en adelante todo dios conceptual debe sólo ser buscado en su esfera"; y cita a Nietzsche cuando afirma:

> *Estamos todos capturados en la verdad de los lenguajes, es decir, en su regionalidad, arrastrados en la formidable rivalidad que reglamenta su vecindad. Pues cada habla (cada ficción) combate por su hegemonía y cuando obtiene el poder se extiende en lo corriente y lo cotidiano volviéndose doxa, naturaleza: es el habla pretendidamente apolítica de los hombres políticos, de los agentes del Estado, de la prensa, de la radio, de la televisión, incluso en el de la conversación; pero fuera del poder, contra él, la rivalidad renace, las hablas se fraccionan, luchan entre sí. Una despiadada tópica regula la vida del lenguaje; el lenguaje proviene siempre de algún lugar: es un topos guerrero* (Barthes, 1974:39).

Resulta pertinente entonces acogerse a la diferenciación que hace Gadamer (1992) entre lo que es verdadero y La Verdad; dice este autor que verdadero o falso es lo que se puede afirmar de los enunciados, juzgándolos siempre como correctos o equivocados con base en reglas que, a su vez, no son objeto de demostración, sino que aparecen como marcos dados, de la misma forma que el lenguaje es dado como punto de partida. Señala este autor que, a partir de Heidegger, son verdaderos los enunciados verificados según determinados criterios, determinadas reglas; pero La Verdad es, ante todo, la forma como históricamente se presentan, se dan, los criterios con base en los cuales se construyen y se verifican los enunciados verdaderos. Es decir, Verdad es la red que hace posible la experiencia del mundo.

Esta visión sobre la educación concibe la realidad humana como una construcción que funda órdenes transitorios sobre el espacio de lo desconocido e incierto. Estos órdenes son concepciones construidas socialmente como instrumento orientador de la acción, haciendo aparecer ante el hombre los acontecimientos de determinada manera, fundando la realidad en la que vive.

Las realidades son entidades de carácter representacional que van tomando forma en la medida en que los individuos enfrentan determinados hechos, los cuales inevitablemente se perciben según las representaciones previas. Así, la disposición a actuar frente a un acontecimiento depende de la concepción que se tenga en un momento dado.

Las distintas producciones humanas son fruto de la aplicación de principios de acción e intelección a hechos variables en mayor o menor grado, que se orientan en ciertas direcciones en virtud de la interacción entre construcciones previas y acontecimientos externos.

De tal forma, la naturaleza humana es una realidad abierta, en el sentido de que los acontecimientos fuerzan reacciones que se emprenden desde interpretaciones previas, pero admiten, de todas formas, la reelaboración de principios orientadores de la acción. Por otra parte, los principios determinantes de los acontecimientos no son plenamente conocidos por las sociedades humanas; ellas tan sólo cuentan como hipótesis tentativas sobre tales principios, hipótesis, de todas formas, impregnadas de la forma particular de conocer del hombre.

En tanto se ha planteado que la realidad del hombre es algo que se elabora históricamente, no es posible entonces admitir representaciones particulares como estados finales hacia los que debe orientarse la humanidad, o la vida de un hombre. Esta posición que no insiste en la inevitabilidad de metas definitivas y únicas, hace posible conservar un lugar para el asombro y para la producción divergente.

La propuesta, fundamentada en la destrucción del mito de una verdad última y única, no permite afirmar la existencia de metas válidas independientemente de la interpretación que se haga de los acontecimientos, de la perspectiva desde la cual se vean. Se niega, por tanto, que algún sujeto posea una verdad indiscutible sobre el rumbo que debe tomar la acción de un grupo humano y se rechaza la pretensión de uniformidad en la forma como una definición unilateral de los planes de acción afecta y se adecua a las subjetividades participantes en ellos. Por tanto, no será posible imponer, sin dar lugar a la crítica y al disenso, un orden como el único válido.

Así, tener en cuenta que el mundo del hombre es el mundo de los discursos y que la verdad de los mismos únicamente se puede buscar en su esfera, cuestiona la verdad absoluta de un discurso particular, al tiempo que su vigencia para una comunidad concreta se hace depender de la forma como él permite elaborar sentidos más integradores para comprender y proyectar la propia historia.

Según esto, la toma de decisiones se relaciona con el establecimiento de programas de acción en virtud de un sentido propuesto, y la evaluación se relaciona con un seguimiento del proceso de construcción de realidad. La autonomía sería una posición crítica ante los sentidos propuestos, no hacer todo cuanto se desea; consistiría en apreciar que los planes obedecen a una concepción asociada con una propuesta de vida, la cual formula un orden de acciones e interpreta los acontecimientos en términos de categorías relacionadas con determinados valores. Como punto de partida para el desarrollo de este modo de ser, se valida la recuperación de los interrogantes básicos que dan lugar a diferentes propuestas sobre las metas a alcanzar por un grupo humano, siendo éstas, de todas formas, no definitivas, aunque en algún momento sean compartidas por los miembros de una sociedad.

Dadas todas las consideraciones previas, en el trabajo mencionado del MEN (1994), los Proyectos Educativos Institucionales se caracterizaron como un compromiso de todos los miembros de una comunidad educativa con el análisis, la discusión y la definición de respuestas, *siempre provisionales*, ante distintas exigencias propias de la construcción de un espacio social participativo.

En tanto la propuesta destaca el carácter provisional de los juicios al optar por una alternativa, se está insistiendo, una vez más, en el carácter cambiante de la interpretación de los acontecimientos; así, la única orientación que resta es el compromiso con el cumplimiento de determinadas condiciones durante el proceso de toma de decisiones.

Se pretende que suprimir el mito de "una verdad" puede ayudar a que, como docentes, seamos más respetuosos de las construcciones del estudiante; porque es urgente que, como agentes de socialización, nos preguntemos sobre la identidad que construimos y sobre los procesos que animamos en los jóvenes, sobre todo en un mundo que, en palabras de Rodrigo Parra, ha generado para ellos "ausencia de futuro".

Por otra parte, la fundamentación de la praxis educativa en una conceptualización de verdades históricamente construidas compromete la propuesta con la superación del etnocentrismo y la convierte en una reflexión sobre la tolerancia y el reconocimiento del valor de los mundos creados por otras culturas, los cuales serían el objeto de interés por excelencia.

LAS NOCIONES DE CULTURA Y DE DESARROLLO HUMANO

Se afirma que el mundo del hombre —visto genéricamente— es lo que él se representa como su mundo, y que dicha representación, a la que llamaremos Cultura, es el escenario en el que se desenvuelve la existencia humana. La participación del individuo en los procesos de significación[7] del grupo social que lo cría, le permiten ubicarse en la red de signicantes ya existente y ser miembro de una comunidad.

Para los filósofos del lenguaje, éste es un tejido de la cultura sobre el cual se soportan los procesos de comunicación y socialización, ya que, por su apropiación, el ser humano deviene en sujeto y participa de la realidad generada por la cultura de la sociedad en la que se incorpora, siendo, entonces, el producto de procesos de comunicación y socialización.

Fue Wittgenstein (Cfr. Mockus y otros, 1994) el filósofo que insistió en los aspectos funcionales en el cumplimiento del proceso de significación: "El significado de una palabra es su uso en el lenguaje". El "juego de lenguaje" define las reglas de uso y, por tanto, la significación de los términos o, en general, de los símbolos utilizados. Este planteamiento inauguró una etapa de búsqueda de la determinación social y de la codificación de las situaciones comunicativas, identificando ritos en los que había usos verbales, describiendo la forma como incidían en la utilización de la lengua

---

7   Para Baena (1989), el proceso de significación consiste en expresar, mediante significantes, la experiencia humana del mundo. Este proceso de significación o de producción de sentido es una construcción por niveles que permite: organizar las nociones de sujeto y objeto a través de la práctica empírica; configurar un esquema estructural que permite elaborar unidades discursivas formal y semánticamente cohesivas y coherentes, en virtud de la aplicación de las formas propias del pensamiento a las representaciones; insertar los enunciados en sistemas compartidos de valoración y de conocimiento, o sea, en los estereotipos sociales que son la base de la "Realidad" de una entidad cultural, como resultado de la participación en las prácticas socioculturales de utilización del lenguaje; y aplicar los recursos expresivos de la lengua para materializar el acto de significación que se pretende realizar; de tal forma, reconocer una cosa y nombrarla es ya instalarla en un entramado complejo de relaciones que expresan la conexión entre la idea de esa cosa y el conjunto de experiencias en las cuales ella aparece.

entre hablantes, determinados históricamente, aspectos como: coordenadas espacio-temporales, relaciones entre interlocutores, escenario psicológico, propósitos, variedad lingüística, modalidades y géneros, entre otros.

A partir de dicha teoría, se piensa que los enunciados que sirven para producir significación, pero en el marco de sistemas de signos, códigos que son sólo potencialidad: los hablantes no disponen de ellos de manera total ni uniforme sino que tienen conocimientos específicos diferentes, posiblemente cada vez más amplios y estructurados (competencia lingüística). Basta con que el hablante, en contexto y con propósito definidos, haga uso del conocimiento sobre estos sistemas, para que se produzcan significaciones en enunciados concretos.

Así, el conocimiento del mundo que tiene el hombre está mediado por el lenguaje. De acuerdo con esta perspectiva, señala Gadamer (1992) que los a priori lingüísticos no son estructuras eternas de la razón, sino actos de palabra, transmisión de mensajes que nos llegan del pasado, de la cultura, y sólo respondiendo a ellas podemos dar sentido a la experiencia vivida actualmente. Las experiencias nuevas tienen sentido sólo en cuanto prosiguen el diálogo con los mensajes previos.

Bajtín (1993) también establece una profunda relación entre lenguaje, vida social y valoración o evaluación social; según él la evaluación social hace actual al enunciado, tanto por su presencia factual, como por la determinación de su sentido. Ella determina la elección del objeto, la palabra, la forma, la combinación individual de los elementos dentro de los límites del enunciado dado. Determina tanto la elección del contenido como la elección de la forma, y el vínculo entre forma y el contenido.

En la medida en que el lenguaje se crea, se forma e ininterrumpidamente se transforma dentro de las fronteras de determinado horizonte valórico, se puede concluir que en sus oposiciones, se condensa la evaluación social, en él se guarda la memoria de las oposiciones elaboradas históricamente.

Así, la evaluación social es la actualidad histórica que une la presencia singular del enunciado con la generalidad y plenitud de su sentido, que individualiza y concretiza el sentido y que le da sentido a la presencia de la palabra en una situación específica:

> *La evaluación social establece por todas partes un vínculo orgánico entre la presencia singular del enunciado y la generalidad de su sentido. Pero no en todas partes ella penetra en todos los aspectos del material, haciéndolos a todos ellos igualmente necesarios e insustituibles. La realidad histórica del enunciado puede estar subordinada a la realidad del acto u objeto y devenir* (Bajtín, 1993:16).

Basada en esta teoría, Martínez (1992:50) afirma: "sin duda alguna, los esquemas semánticos funcionan al interior de una conciencia individual, pero, sin el elemento funcional de comprensión mutua (el discurso), no puede haber esquemas semánticos y menos aún la construcción de la conciencia individual". Así, añade que "la unidad discursiva, el diálogo que subyace a todo intercambio verbal, es el escenario interpretativo de lo real, la metáfora de la realidad donde se opera la transformación de la experiencia de la realidad en sentido".

Desde la psicología, los modelos de Piaget y de Vygotski han sido los más influyentes para interpretar el proceso evolutivo que ha de sufrir el hombre para que quede inserto en las redes de significación propias de su realidad. El primero ha destruido el papel de los procesos de adaptación de las estructuras, susceptibles de ser transformadas cualitativamente, mientras realizan intercambios con el medio externo (Piaget, 1975)[8]. El segundo ha subrayado el

---

8   Conviene aclarar, en relación con la tendencia a dotar de teleología a la evolución humana que, para Piaget (1975), las organizaciones de la acción

papel de la utilización de signos en el desarrollo de los procesos psicológicos superiores (Cfr. Vygotski, 1989).

Con base en la formulación de los dos autores mencionados, Bruner (1983) explica el proceso de constitución del sujeto, de inserción del hombre en las redes de significación de su cultura. Según él, las primeras orientaciones del infante en el mundo se realizan en medio del aprendizaje del habla y, a partir de entonces, toda experiencia se efectuará siempre en el contexto de un constante desarrollo comunicativo del conocimiento del mundo; de tal forma que el mundo conocido comunicativamente se transmite a los hombres como una totalidad abierta que incluye y organiza todas sus experiencias.

Así, desde cuando el niño explora el mundo inicialmente, interactúa con su medio externo, no directamente, sino en presencia de o mediante el apoyo de algún miembro adulto de la sociedad que lo acoge (tratándose de un adulto, se puede suponer que éste domina los saberes propios de la sociedad).

La interacción con el adulto se caracteriza por ser una secuencia ordenada de acciones que se repite en muchas ocasiones, usualmente acompañada de expresiones verbales. En medio de tal interacción se ubican las reacciones del niño, de tal forma que se establecen

---

tienen como propiedad intrínseca orientarse al establecimiento de estructuras más flexibles, capaces de garantizar intercambios más adaptativos entre el organismo y el medio; habla el autor de un proceso de equilibración como dispositivo básico de los seres inteligentes que les permite ser más libres frente a lo que se les presenta como su realidad inmediata en cada momento. Esta propiedad, sin embargo, no ha de interpretarse en el sentido de que las estructuras se dirijan al dominio de determinados contenidos; si bien se habla del desarrollo de las operaciones formales como último nivel, esta afirmación se refiere más a la capacidad de la organización de estrategias más potentes para realizar intercambios flexibles.

patrones de acción altamente esquematizados orientados al logro de fines que afectan a los participantes. Dada la predictibilidad de los componentes a partir del lugar que ocupa cada intervención en la cadena de actos, es posible transformar dichos componentes en la dirección del sistema de convenciones propio de la sociedad.

Según Bruner, el desarrollo del lenguaje depende de que los adultos que tienen a su cargo la crianza del niño lo incluyan en pautas de interacción altamente ritualizadas, cada vez más abstractas e impregnadas de la convencionalidad propia de su sociedad. Propone dicho autor, parodiando a Chomsky, la existencia de un Mecanismo de Apoyo para la Adquisición del Lenguaje, el cual permite construir, a partir de esquemas de interacción, de formatos, la realidad humana.

Es en espacios mediados por el afecto —por la aceptación y el rechazo sociales— donde el individuo se forma, (dentro del orden social, fundado en un código). Con base en esta idea, en los planteamientos de Bajtín y en los del psicoanálisis (Lorenzer, 1986)[9], es fundamental subrayar que, en los procesos de formación, tan sólo se permite a los sujetos elaborar contenidos acordes con la sociedad, sociedad cuyos valores están expresados en los mensajes transmitidos por los medios de comunicación y en forma de interacción que el niño vive con los miembros de su familia, de su escuela y de su comunidad inmediata, mensajes y valores en muchas oportunidades contradictorios o imposibles de realizar.

---

9   Según Lorenzer (1986), el psicoanálisis es la única disciplina que ha asumido el papel de desenmascarar la irracionalidad propia de los órdenes sociales; irracionalidad que se refleja en el dolor y los actos "sin sentido" de los sujetos.

Con base en los desarrollos de las teorías de Piaget, de la lingüística y de las teorías del Yo, desde una perspectiva racionalista, Habermas (1989a) propone estudiar el desarrollo de la Competencia Interactiva en tanto competencia universal, es decir, propia de todo ser humano; y en calidad de entidad que vincula la evaluación cognitiva, lingüística y motivacional de los sujetos capaces de conocer, actuar y comunicarse mediante un lenguaje.

Las estructuras propias de la competencia interactiva se forman en un enfrentamiento, a la vez constructivo y adaptativo, entre el sujeto y su entorno produciéndose una diferenciación entre el mundo subjetivo, por una parte, y la naturaleza externa, el lenguaje y la sociedad.

El progresivo conocimiento del mundo interior como algo diferente a lo otro permite fundar nociones sobre el mundo externo, en virtud de los tipos de relaciones que se establece con diferentes segmentos del mismo. "Naturaleza" significa el fragmento de realidad objetivado mediante un trato técnico; "sociedad" es el fragmento de realidad que aparece en virtud del establecimiento de una aproximación comunicativa ante acontecimientos que vinculan al sujeto con otros sujetos; y "lenguaje" es el medio constitutivo de la experiencia que aparece ante una problematización de los códigos mediante los cuales se expresa dicha experiencia.

A partir de la concepción del desarrollo como toma de conciencia, por parte del sujeto, de la diferenciación, se deduce que existen relaciones de complementariedad entre lo interno y lo externo, entre lo público y lo privado, entre subjetividad y objetividad. El autor considerado atribuye a la reflexión sobre las pretensiones de universalidad el poder para tomar conciencia de la separación entre ambas esferas: frente a la naturaleza se puede pretender emitir afirmaciones verdaderas para cualquier observador, o enunciadas sobre la personal sensibilidad ante un objeto; ante los hechos sociales, o bien se pueden hacer valoraciones —determinantes de cursos de acciones— con las que se espera que cualquiera esté de acuerdo y las asuma normativamente, o bien emitir opiniones y/o manifestar indicaciones que tan sólo comprometen el desempeño de quien las formula; en el campo del lenguaje se pueden usar expresiones que se espera sean significativas para cualquier miembro de ese comunidad de hablantes, o representarse de un modo particular y privado vivencias difusas.

El desarrollo de la competencia interactiva consiste, en un proceso que parte de una condición de confusión entre individuo y entorno, entre deseo y causalidad externa; luego, se organizan estructuras que le permiten al sujeto percibir objetos como entes claramente distintos de sí mismo; posteriormente, se desarrolla la capacidad para diferenciar el entorno social del contexto físico y apreciar la existencia de múltiples perspectivas; y, finalmente, se accede a una condición en la que el sujeto pueda discutir los supuestos de múltiples propuestas de realidad.

A toda esta evolución contribuyen la experiencia con situaciones que demandan coordinación de acciones; la apropiación de universales lingüísticos que le permiten referirse a los distintos mundos; la diferenciación entre el significado —el valor proposicional— de las expresiones y la finalidad de las mismas; y el desarrollo del habla argumentativa que se elabora a partir del cuestionamiento de las pretensiones de objetividad y universalidad de los enunciados; factores todos que comparten la propiedad de ser condiciones en las que se exige poner a prueba las representaciones previamente construidas y asumir procesos de transformación y reorganización de las mismas.

En este trabajo se plantea como supuesto que la educación se inscribe en el espacio de la producción de cultura, entendida como proceso de actualización permanente de un sistema de símbolos y signos, dentro del cual se inserta el quehacer de los individuos y adquieren significado sus interacciones. Ampliamente considerada, tiene como finalidad facilitar la inserción de los individuos en los entramados de significación compartidos por actores que pertenecen a un orden social determinado, de tal forma que participen en las estructuras que dan sentido a las experiencias individuales y colectivas, y en los procesos de producción simbólica (Cfr. Geertz, 1987)[10].

El énfasis sobre la naturaleza del hombre como ser que vive en un horizonte de significación lleva a proponer que la educación se comprometa con la ampliación de dicho horizonte, mediante el cuestionamiento de los supuestos en los que se sustentan las visiones de mundo; la acción pedagógica se orientaría entonces, no por objetivos, sino por el permanente vivir de cara a horizontes, que se constituyen permanentemente desde una posición cuestionadora, lo que demanda aumentar la capacidad para extrañarse ante lo que resulta "natural" para la mayoría de los participantes de un mismo trasfondo cultural, para cuestionar los supuestos fundantes de lo que se considera verdadero, legítimo y auténtico.

Por otra parte, las consideraciones sobre el carácter restictivo del proceso de inserción del individuo en los parámetros propios del orden social, llevan a advertir que es posible que el propósito que los educadores —ampliamente considerados—atribuyen a su acción sea contribuir a que los sujetos en formación identifiquen los límites tolerados, que expresen solamente aquellos sentidos para los cuales existen significantes y que excluyan de la escena social intereses vitales no tolerados. Tal vez, para ellos no sea importante reconocer que para el individuo es imposible renunciar definitivamente a expresar tales intereses, así sea mediante actos aparentemente carentes de sentido, y que, en el afán por contar con la aceptación social, los individuos "educados" reproduzcan permanentemente los patrones de interacción de la sociedad, incluso los patrones irracionales.

---

10   En relación con esta concepción conviene destacar que, en 1986, el Ministerio de Educación Nacional propuso al país el concepto de "Escuela como Proyecto Cultural" (Cfr. MEN, 1986).

En el campo del desarrollo afectivo de los estudiantes, la noción de Posibilidad como modalidad del Ser, tendría un impacto notable sobre la autonomía de los jóvenes, en virtud del énfasis que se pone en la vigencia de las diferencias, en la relativización de la noción de verdad y en el planteamiento de la comunicación como alternativa de construcción conjunta de mundos.

Los trabajos basados en la lógica modal abren la posibilidad de plantear como objeto de acción pedagógica el trabajo desde el interior del sujeto. Por ejemplo, un análisis de los operadores relacionados con lo deseado, lo necesitado y lo preferido, convierten esos mundos creados por el sujeto en punto de referencia para la acción de la escuela. Desde aquí, es posible preguntarse en la pedagogía por la lógica propia del deseo, y ubicar como parámetro rector de la actividad escolar el acceso a modos de vida más plenos, más satisfactorios para los integrantes de esa comunidad (la escuela sería, en ese caso, una comunidad).

Desde este enfoque, en la pedagogía no se considera que lo apropiado de una propuesta de vida esté determinado desde fuera del sujeto que la asume. Cada hombre reflexiona, critica y toma decisiones de frente a sus circunstancias concretas, y éstas son cambiantes e interpretadas de forma diferente por cada uno, aunque "sus" posiciones de todos modos tienen un origen social.

En cuanto se rechaza la noción de que existe una única línea evolutiva como "la válida", el maestro no orientará al estudiante, en cambio, revelará ante él lo que ha logrado discutir y construir, sin pretender subordinar al joven a una normatividad en cuya construcción él no ha participado. El maestro actúa como punto de referencia dialogante para el aprendiz, ya que la constitución como sujeto del joven requiere la confrontación con otro. Así, ser punto de referencia activo significa oponerse al otro para modificarse mutuamente, de tal forma que el maestro será también aprendiz en una relación bastante alejada de la que caracteriza al amo y al esclavo.

Maestro y alumno enfrentan un gran reto: "el arte de ser", para lo cual se requiere que la relación capacite para dilucidar las limitaciones de las interpretaciones actuales sobre los "hechos"; la claridad sobre los propios valores que marcan la diferencia entre lo aceptable y lo inaceptable; y la entereza para dudar de la sinceridad de las propias motivaciones.

En esta dirección, las observaciones de Lonergan (citado por Sierra, 1990) pueden ser iluminadoras: la construcción de sentido ha de ser metódica, entendiendo el método como la aprehensión y ejercitación dinámica de todas las operaciones humanas en la dirección de la espontaneidad sensitiva, la creatividad inteligente, la racionalidad crítica y la libertad; la construcción de sentido debe estar comprometida con el desarrollo del sujeto en la vivencia del amor, en la experiencia de toda su afectividad.

Respecto de la construcción de la objetividad, dada la importancia atribuida al tema y a su directa vinculación con la imagen actual de escuela, conviene hacer comentarios específicos.

El conocimiento científico

Si la objetividad de lo externo se concibe como una construcción histórica que cambia en función de la prevalencia de determinadas cosmovisiones, ha de aceptarse la posición de Bajtín (1993) según la cual los objetos entran en el horizonte del conocimiento y atraen la mirada de las sociedades en la medida en que lo dictan las necesidades de la época y del grupo social dados. La elección del objeto del conocimiento es determinada por la evaluación social. Por eso también el enunciado científico es organizado por la evaluación social en todos los estadios del devenir del trabajo científico.

Por esto, se plantea que el hecho de que en la modernidad se haya subrayado la oposición entre conocimiento científico y saber narrativo, y que se haya llegado a la valoración exclusiva del primero.

Se señala, además, que esta posición resulta insostenible porque ningún discurso sobre la naturaleza del conocimiento podría legitimar la supremacía de un saber sobre otro, y, menos, subordinar el conocimiento fundante de una cultura a un conocimiento que corresponde a un modo particular de producción de enunciados.

Por ejemplo, Elkana (1983) ha problematizado la creencia de que existen diferencias básicas entre los modos de pensamiento de las sociedades tradicionales y modernas, científicas y precientíficas, industriales y no industriales, desarrolladas o en vías de desarrollo; afirma que no existen diferencias, ni en términos de conocimiento, ni en términos de lógica entre ellas, y cita a Geertz para subrayar que, tanto el sentido común como la ciencia, son conocimientos históricamente construidos, sometidos a modelos de juicio históricamente definidos, que pueden variar de una persona a otra, de tal forma que es posible cuestionarlos, discutirlos, afirmarlos, desarrollarlos y enseñarlos, como ocurre con cualquier sistema cultural.

La validez del discurso de la ciencia en la modernidad se relaciona con la legitimación de determinadas estrategias para verificar los enunciados, fundamentalmente la correspondencia entre modelos formales y la observación de hechos empíricos, de tal forma que los "hechos observados" "se explican o demuestran" en términos de operaciones simbólicas realizadas sobre el modelo (Cfr. Vásquez, 1976). Sin embargo, es posible la crítica de la creencia en la irrefutabilidad de las explicaciones de la ciencia, en virtud de la naturaleza contingente de los modelos que sustentan las explicaciones, del carácter cultural de los "hechos empíricos" y de la naturaleza instigadora de los experimentos falsatorios o verificantes, de tal forma que es posible asumir propuestas que interpretan los productos científicos en términos de procesos de verosimilización de aspectos producidos por la misma dinámica de la cultura (Cfr. Bustamante, 1995).

En este orden de ideas, la noción de Mundo Posible puede ser útil como herramienta de análisis y transformación de la posición ante los saberes desarrollados hasta el momento, ya que ella inaugura la perspectiva de construcción de verdades múltiples. Esta noción ha sido trabajada desde la propuesta de las lógicas modales, desde la psicología cognitiva (Bruner, 1989) y desde las teorías de la gramática del texto (Van Dijk, 1985), y obedece a la necesidad de estudiar el valor de los enunciados desde la perspectiva del sujeto que conoce.

Un mundo posible es una situación imaginable en la que se satisface un conjunto de condiciones. El carácter objetivo de la noción se basa en la constitutividad del lenguaje, propiedad según la cual el lenguaje tiene el poder de crear entidades y ficciones hipotéticas que son los elementos organizadores de la actividad del hombre.

Formalmente hablando, la noción de "mundo posible" está relacionada con la lógica modal, que estudia las operaciones y principios que gobiernan a las proposiciones, transformadas mediante operadores relacionados con las perspectivas de los sujetos que las enuncian. Se distinguen las modalidades que incluyen los operadores de necesidad y posibilidad; las que abarcan a las creencias y las referidas a lo conocido por el sujeto; las que se refieren a la obligatoriedad y permisibilidad; y las relacionadas con los mundos creados por el deseo.

Cada mundo posible crea las condiciones de producción de enunciados y éstas definen la coherencia de su propia dinámica. A un sujeto que pretende comprender un mundo desde otro, le corresponde definir una variable, nominada "de acceso", que define las relaciones entre las lógicas de los dos mundos. Esto indica que, como promotores de construcción de sentidos diversos, tenemos que aprender a entender la lógica que funda las afirmaciones, las tendencias y las invenciones de los estudiantes, y las estrategias para acceder a un mundo desde otro.

En este sentido, la noción de mundo posible revela su fertilidad para conceptualizar la forma de fomentar el desarrollo del conocimiento, permite reconocer que el conocimiento propio de la cultura, las creencias, la cosmovisión, son un aporte fundamental de los actores vinculados a la vida escolar que no pueden ser considerados como algo marginal. Por tanto, ese conocimiento debe ser identificado, no para descalificarlo ni para incluirlo bajo el ámbito de influencia del discurso científico, sino para descubrir el poder generador de sentido que posee, para analizarlo en términos de sus propios parámetros y, así, poder identificar elementos extraños que lo desvíen de su función.

En relación con la formación para el desarrollo científico-técnico, entender la ciencia como propuesta y desarrollo de múltiples verdades abre el camino para ensayar las aplicaciones de "los inventos" de los estudiantes, para explorar formas de generar hechos, de imaginar modelos para explicarlos, y de ensayar estrategias alternativas de verosimilización. El requisito para legitimar estos productos consiste en discutir los inventos y las lógicas de los estudiantes metódicamente, propósito para el cual podrán, eventualmente, contar con sus maestros.

Si se acepta la propuesta, la noción de mundo posible puede promover la participación de los jóvenes en la producción de conocimiento científico, ya que se parte de la valoración de la creatividad e inventiva de los jóvenes y se da lugar a una forma de diálogo democrático, no de obediencia ante modelos ya formulados. En este caso, el proceso de enseñanza no se iniciaría con el reconocimiento de la verdad absoluta y definitiva de los mundos generados por la "ciencia oficial", sino que se estudiarían los mundos creados por los estudiantes, se identificarían sus supuestos, sus contradicciones, los hechos que crean y explican y, finalmente (digo "finalmente" para marcar el contraste con la práctica actual), se establecerían las relaciones que ellos guardan con los modelos actuales de la ciencia y con el sentido común, para indicar formas de acceso, de comunicabilidad entre propuestas, sin recurrir a subordinaciones que suprimen lentamente la actividad creadora de los estudiantes.

Dadas todas estas reflexiones, "planear un curso" y "preparar clase" adquieren un nuevo significado. En ambos casos, se tratará de caracterizar el énfasis que se hará en desarrollar el conocimiento de una "realidad", realidad que corresponde a la forma como se han interpretado algunos de los campos de experiencia de los hombres, y, por tanto, relacionada íntimamente con la totalidad de la vida de los participantes.

Como lo focalizado es la evolución del conocimiento, la presentación de una propuesta no consistirá en una lista de temas por tratar o de resultados —estados cognitivos, por ejemplo—por alcanzar, sino en la aplicación y ajuste de principios que movilizarán los esquemas de acción de los participantes; el final queda abierto para que sea posible avanzar en múltiples direcciones. Los temas aparecerán como elaboraciones teóricas dentro del respeto por unas reglas que funcionan como supuestos de un "juego de verdad", no como verdades absolutas, y serán vistas como propuestas con las que se puede dialogar, propuestas que deben ser analizadas como formulaciones integrales y no como listas de componentes por repetir. Prepararse será desarrollar la capacidad para compartir la realidad de las distintas teorías o "realidades", entender cuál es la forma como cada una valida sus afirmaciones, cómo cada una elabora su "verdad".

La noción de calidad de la educación

Como se señaló inicialmente, una de las estrategias administrativas para garantizar la unidad de la educación en el país consiste en hacer evaluaciones que permitan mostrar y relacionar los resultados de la acción del sistema educativo, visto en su totalidad.

Se afirma que las condiciones de verdad van más allá de los aspectos lógicos. Ningún enunciado se puede comprender únicamente por el contenido que propone; cada enunciado corresponde a una motivación que se relaciona con una perspectiva y con intereses particulares, que la mayoría de las veces no se enuncian en él. Por esta razón, no se puede pensar que las propuestas sobre lo que ha de considerarse una "Educación de Calidad" puedan ser algo neutral y objetivo, máxime si se acepta que mediante la educación se constituyen los integrantes del orden social. Lo que se define como Calidad de la Educación no puede ser una verdad "objetiva" indiscutible, única e invariable.

La reflexión sobre la validez de los discursos lleva a reconocer, desde esta perspectiva, en primera instancia, que los grupos sociales producen diferentes tipos de sistemas de enunciados, los cuales reflejan sus intereses y necesidades, de acuerdo con las condiciones en que viven. Estos discursos son una expresión de concepciones de mundo producidas en condiciones históricas concretas.

Según Bajtín (1993), en las visiones de mundo que se manifiestan en el habla, en su calidad de portadora de evaluaciones sociales más estables y profundas (determinadas por el ser económico de una clase en una época dada de su existencia), se formulan las grandes tareas históricas de toda una época, en la vida de un grupo social dado.

Se excluye, entonces, la posibilidad de que un discurso pretenda legítimamente ser hegemónico[11]; más bien debemos ocuparnos de constituir un espacio de argumentación en el cual se revise la vigencia de los discursos propuestos para las poblaciones más amplias en las cuales se incluyen los grupos sociales.

---

11   Al hablar de "hegemonía de un discurso", se habla de un proceso en el que se hace predominar una concepción de mundo específica asociada con un grupo social particular.

Contra la pretensión de que las escuelas sean únicamente lugares de instrucción, Giroux (1990) menciona que los críticos radicales las asocian con la transmisión y reproducción de una cultura dominante. Lejos de mantenerse neutral, la cultura dominante en las escuelas se caracteriza por ordenar selectivamente y legitimar formas de lenguaje, relaciones sociales, experiencias vitales y modos de razonamiento privilegiados. En esta visión, la cultura aparece ligada al poder y a la imposición de un conjunto específico de códigos y experiencias.

Para Carr (1993), la calidad de la enseñanza tiene poco que ver con la habilidad de aplicar adecuadamente normas técnicas y, en cambio, mucho que ver con la capacidad de aplicar valores éticos abstractos en la interacción escolar cotidiana.

Basándose en que, para Aristóteles, el discurso técnico es el lenguaje apropiado al pensamiento sobre cómo actuar para llevar a término algún fin concreto, mientras que el discurso práctico es el lenguaje apropiado al pensamiento sobre cómo actuar con el fin de realizar valores y metas éticas, Carr (1993) propone que se considere la educación como una disciplina práctica, relacionada con la elección de cursos de acción que afectan a varios sujetos y a la forma como ellos coordinan sus acciones.

En estas condiciones, a diferencia de lo que ocurre en el caso de la racionalidad técnica, en la cual las medidas supuestamente están separadas de los fines, en la racionalidad práctica los actores educativos han de reconocer que sus acciones están guiadas por consideraciones que valoran los cursos de los acontecimientos humanos y que les compete, en primera instancia, reflexionar sobre ellas y sobre la adecuación de su ejercicio a estos parámetros.

En relación con estas consideraciones, vale la pena revisar la posición que se asumió en el Sistema Nacional y Regional de Evaluación de la Calidad de la Educación, respecto de la noción de Calidad de la Educación en el país. En el desarrollo de este proyecto, inicialmente se optó por insistir más en las condiciones requeridas para mejorar la calidad, que en establecer una definición exhaustiva de la misma:

> *La calidad de la educación en nuestro país depende de la posibilidad de generar un proceso comunicativo, mediado por la cultura a través de la escuela, organizado en función del desarrollo integral de cada alumno y de la elaboración de saberes con miras a posibilitar la conquista de su autonomía y con ella la vinculación activa a la transformación de su medio* (SINECE, 1992).

Esta posición se asemeja a una de las posiciones enunciadas en el Congreso Pedagógico Nacional de 1987, según la cual, abordar el problema del mejoramiento cualitativo de la educación es más un asunto del camino que del punto de llegada; se trata más de tener criterios fundamentales para juzgar y orientar el quehacer cotidiano que de buscar determinados resultados (Hernández y otros, 1987).

Para el caso de Latinoamérica, tal como lo plantea Londoño (1992), la educación debe permitir construir confianza en nosotros mismos, estructurar una capacidad reflexiva y cuestionadora que nos lleve a ser independientes y capaces de forjar nuestro propio destino, a ser libres para llevar a cabo nuestros proyectos históricos. Es fundamental realizar proyectos de transformación cultural, construir los valores del no conformismo, del libre debate, de la divergencia y de la libre iniciativa y juicio. Estos proyectos requieren mayor conocimiento del entorno cultural para producir saberes —construir mundos—acordes con nuestras circunstancias.

Según Tamayo (1993) hemos de "recuperar la pregunta crítica por la racionalidad que hasta ahora nos ha atrapado y reconocer el agotamiento de un modelo fundado en verdades absolutas y universales sobre la naturaleza humana y en la autoridad de la religión y la metafísica".

80

En el marco de esta propuesta, el hecho de adoptar una mirada escéptica sobre las alternativas de construcción de sentido para la vida, por parte de grupos humanos, desde determinadas propuestas de organización social y política, lleva hacia la tolerancia de la diversidad de las historias de las regiones.

La evaluación de la educación

Según lo dicho, es claro que, en Colombia, se ha de exigir que la educación se juzgue, no sólo en relación con los indicadores y dimensiones de análisis propios de la dinámica interna del sistema, sino también con las realidades sociales históricas específicas de distintos grupos humanos que han significado su "realidad" de diversas maneras; por esto, si se quiere seguir utilizando este vocablo, se habrá de hablar de "Calidades" más que de "Calidad"; resultando como método de evaluación mucho más pertinente un enfoque que permita hacer un seguimiento de la adecuación entre las propuestas educativas y "la realidad" de la región, en lugar de adoptar una mirada dogmática que establezca los parámetros de juicio de los resultados desde "una verdad" externa.

En estas condiciones, la coherencia de un proyecto educativo para el país tan sólo puede asegurarse mediante trabajos que permitan detectar los ejes de elaboración discursiva, construidos históricamente. No será la elaboración de programas nacionales lo que integre la evolución cultural del país mediante la acción educativa, sino la capacidad para dilucidar los procesos de construcción de sentido en condiciones específicas.

En esta dirección, resultan pertinentes propuestas de análisis como la de Moiso (1992), sobre la evolución de las formas, de las estructuras de los sentidos, en los cuales la organización está íntimamente determinada por la interacción entre un principio ordenador y acontecimientos que se dan aleatoriamente; acontecimientos que, de todas formas, afectan los principios ordenadores de la estructura, tal como ocurre en el caso del crecimiento de los cristales, los cuales siempre tienen un eje, pero que se transforma mientras se agrega materia al cristal ya existente. Propuesta esta de análisis semejante a la de Piaget (1975), en su teoría del desarrollo de las estructuras mediante el proceso de equilibración.

De ser aceptada la propuesta anterior, aparecerá claro que el papel del nivel central en la promoción del desarrollo educativo consiste en ser un factor que propicia el encuentro de múltiples concepciones y hechos educativos de las regiones, de tal forma que sea posible entender cuáles han sido los ejes que permiten dar cuenta de la evolución histórica. El MEN será entonces un agente facilitador del diálogo, dispuesto a participar en el análisis de la situación educativa y en la generación democrática de planes de acción, más que una entidad que, mediante la imposición de esquemas reduccionistas, suprime las posibilidades de crítica a las condiciones presentes y libera de la responsabilidad de asumir compromisos concretos a los actores directos del acto educativo.

Por otra parte, vale la pena discutir la concepción que se tiene de la evaluación masiva, porque de la capacidad para enfrentar la exigencia de los organismos internacionales depende en gran medida la posibilidad de crear espacios para las distintas "realidades educativas" del país.

En estas prácticas de medición, un elemento crítico es el que se refiere a la relación entre competencia —como entidad universal abstracta— y experiencia —como entidad particular—. La condición por superar consiste en que las competencias se fundamentan y evolucionan a partir de la elaboración de experiencias particulares. En este sentido, sólo se pueden hacer preguntas abstractas a través del planteamiento de problemas que se presentan en condiciones particulares. En ese sentido, no es posible hacer una evaluación de competencias, con un conjunto igual de preguntas, para grupos humanos que, a partir de su vida cultural, tienen diversos tipos de experiencias y "viven en realidades diferentes". Esta observación no excluye la posibilidad de construir pruebas equivalentes pero con distintas preguntas específicas.

Algunas teorías recientes han definido el desarrollo humano en relación con la elaboración de sentido, y han señalado que la capacidad para construir sentido exige que los individuos, como entidades siempre indivisibles e irreductibles a aspectos afectivos o cognitivos considerados por separado, sean incluidos en pautas de interacción altamente ritualizadas, cada vez más abstractas e impregnadas de la convencionalidad propia de la sociedad (Cfr. Bruner, 1983). Si se aceptan estas afirmaciones, resultará claro que el objeto de trabajo del educador no se puede reducir a una acción sobre el aspecto académico, sino que ha de asumirse como reto el desarrollo de la integralidad del ser humano. En este sentido, la concepción de construcción de sentidos propios, mediante la apropiación y forcejeo con los códigos de la cultura, será el asunto de interés y permitirá asumir una mirada totalizante para entender al estudiante.

Por esto, ha de asumirse que la evaluación de logros de la educación no puede reducirse a considerar aspectos de manejo de información. El énfasis ha de estar puesto sobre la exploración que los participantes en la educación hagan de sí mismos y de su contexto, de tal forma que se asuma una perspectiva histórica y no una mirada estática.

Otro de los elementos que hacen parte de la evaluación de la Calidad de la Educación es la determinación de "Factores Asociados" a los Niveles de logro, los cuales deberían asumirse como aspectos inherentes a la concepción de educación y de institución escolar, de tal forma que, de superarse una visión que aísla la vida escolar del contexto social y cultural en que se desenvuelve la vida de los estudiantes y los maestros, será posible entender que el mejoramiento cualitativo de la educación no es el resultado exclusivo de la vida en la escuela. De tal forma, el sentido comunicativo de la institución ampliará las relaciones de intercambio de códigos entre los miembros de la comunidad educativa.

El desarrollo de comunidades educativas

La Ley General de Educación insiste en que el actor básico encargado de la prestación del servicio educativo es la Comunidad Educativa; afirma que ella está conformada por estudiantes, educadores, padres de familia o acudientes de los estudiantes, egresados, directivos, directivos docentes y administradores escolares (Art. 6o.). Todos ellos, según su competencia, participarán en el diseño, ejecución y evaluación del Proyecto Educativo Institucional.

Para discutir esta disposición, ha de aclararse la noción de práctica social y de comunidad. Según Langford (1993), las prácticas sociales son los componentes que dan lugar a las comunidades. Una comunidad es algo completo, que permite ofrecer la posibilidad de una vida específica para las personas que son miembros de ella. Desde el punto de vista de la comunidad, el objetivo de una práctica social es contribuir de una forma determinada a su forma de vida.

Una práctica social se lleva a cabo de acuerdo con la forma de ver y hacer que da una tradición, la cual no sólo mantiene su estructura en cada momento concreto, sino que también preserva su continuidad con el pasado y la dirige al futuro. Una tradición hace posible el cambio y la continuidad. La percepción que los participantes tengan del objetivo global les permite tomar decisiones y hacer planes.

Por otra parte, según Langford (1993), las personas pueden tomar conciencia de su forma de participar en la práctica social, de la forma como la normatividad determina a los participantes en una acción[12]. Hacer esto lleva a tener claridad sobre el sentido global que la orienta. Ya que ser conscientes de las creencias y objetivos compartidos que dan unidad a sus vidas, ayuda a las personas a construir un sentido de su propia identidad a lo largo del tiempo, este autor vincula la construcción de los sentidos individuales con la construcción del sentido colectivo.

En tanto se advierte que la acción educativa misma es producción de sentido, se ha definido una Comunidad Educativa como una entidad social, con sentido de pertenencia, capaz de formular participativamente propósitos relacionados con el desarrollo de sujetos, es decir, con la apropiación crítica y la transformación de los códigos de la cultura; con el fin de alcanzar el mejoramiento de la calidad de vida.

Así, en tanto práctica social, la educación funda órdenes sociales, poniendo en marcha, en el interior de la escuela, relaciones de comunicación y de poder; son ellas las que dan lugar a los procesos de definición —de constitución— de sus integrantes.

En esta propuesta, de acuerdo con Giroux (1990), ver las escuelas como esferas públicas democráticas es central para una pedagogía crítica viable. Esto significa que las escuelas se han de ver como lugares democráticos dedicados a potenciar, de diversas formas, a la persona y la sociedad. En este sentido, las escuelas han de ser

---

12   Para Langford (1993), por ejemplo, cualquier intento de criticar, cambiar o tomar parte en la práctica social de la enseñanza, o de dar cuenta de las relaciones entre teoría y práctica docente, debe fundamentarse en el concepto de práctica social; ha de considerarse la intencionalidad de los actos, la forma como ellos son propiciadas por una forma de vida social y la cosmovisión que le sirve de fundamento, y la fuerza de estos elementos para determinar las expectativas mutuas de acción entre diferentes actores sociales.

lugares públicos donde los estudiantes aprenden conocimientos y habilidades necesarios para vivir en una auténtica democracia.

En lugar de definir las escuelas como extensiones del lugar de trabajo o como instituciones de vanguardia en la batalla de los mercados internacionales y de la competencia extranjera, la escuelas como esferas públicas democráticas se constituyen en torno a formas de investigación crítica que asumen el diálogo significativo y la iniciativa humana. Los estudiantes aprenden el discurso de la asociación pública y de la responsabilidad social. Este discurso trata de recobrar la idea de democracia crítica entendida como un movimiento social que impulsa la libertad individual y la justicia social.

Se aclara que, para que de una organización educativa se pueda decir que "es democrática", habrá de demostrarse que ella, tal como lo explica Scianna[13] en la entrevista publicada por Vattimo (1989), es una organización social fundada en el diálogo, en la continuidad establecida mediante el diálogo entre intereses, opiniones, vivencias inmediatas diversas; que en ella la democracia no es sólo un método, sino que se asume como el valor básico. Entonces, los procesos de producción de sentido en las sociedades democráticas, consistirán en la atribución, develación, crítica y construcción de propósitos para la acción humana y, por tanto, en la selección de cursos de acción, según consideraciones valorativas, que tampoco

---

13   Según Scianna, no hay valores absolutos a realizar mediante el dialogo y, por tanto, por medio de la democracia; como no hay lugar definitivo al que nos dirigimos. Sólo existe, como significado de la experiencia, la experiencia del remontarse *in infinitum* de la red en la que estamos presos y dados a nosotros. Este remontarse es, en el plano de la experiencia social y de las instituciones que la estructuran, lo que se llama "democracia".

se consideran definitivas sino sujetas a discusión, quedando como valor único el respeto por la multiplicidad de perspectivas[14].

Con base en estas consideraciones, se identificó la construcción del Proyecto Educativo con el proceso de desarrollo de la democracia en una Comunidad Educativa. Pero, para que esto sea así, se requiere que las propuestas sobre la orientación particular del sentido válido para la acción de una Comunidad Educativa sean consideradas como potencialmente aceptables, de tal forma que sea posible que en todas ellas se reflejen distintas interpretaciones de los acontecimientos. En este caso, lo que interesa es establecer los mecanismos de toma de decisiones y de selección de los cursos de acción. Por esto, en la medida en que se insiste en la naturaleza discursiva de las propuestas, se legitima el espacio de la construcción conjunta de parámetros para el análisis de alternativas, para la caracterización de propósitos y análisis de las posiciones valorativas subyacentes.

A largo plazo, se puede esperar de una comunidad que acabe por elegir el tipo de educación que desea, aunque ello implique que los profesores deban cambiar su concepto de lo que hacen; para esto se requiere que en el interior de ellas sea posible desarrollar concepciones administrativas que, a pesar de hablar de unidades organizativas, toleren la existencia de multiplicidad de perspectivas y, por tanto, que den lugar a la coexistencia de múltiples formas de organización y orientación de las actividades. En este

---

14   También es pertinente la aclaración que hace Taylor (1982) sobre las características que debe tener una comunidad para que se pueda llamar democrática: que los directores de la comunidad estén en disposición y efectivamente negocien las creencias y los valores que les son comunes, que las relaciones entre sus miembros no sean manipulativas y más bien sean directas —no mediadas por representantes— y multilaterales, y que sean recíprocas, altamente cooperativas y centradas en el cuidado y la ayuda mutua.

sentido, pueden resultar pertinentes las categorías de análisis de las organizaciones entendidas como redes. Este enfoque insiste en que las organizaciones son totalidades cuyo recurso principal consiste en la capacidad creativa de sus miembros; con lugar para los intereses comunes y los de cada uno de sus integrantes; con partes conectadas de una forma sensible que les permite trabajar juntas sin caer en la jerarquización propia de la burocracia; con múltiples líderes; incluidas en totalidades mayores; y relacionadas con su medio, ante el cual existen límites borrosos, llenos de poros, y que es percibido como lo hace una mosca a través de sus ojos, construyendo imágenes a partir de la integración de múltiples perspectivas.

En este marco, la evaluación institucional se orientará a identificar, de un lado, la relación existente entre la estructura formal y la vida organizacional propia de cada comunidad educativa; y, de otro, la concepción que sus miembros tienen sobre la relación hombre sociedad, cultura y pedagogía. De tal forma, un ambiente de alta calidad educativa institucional se podría caracterizar por la presencia de un clima organizacional democrático, participativo y comprensivo, donde los padres de familia y la comunidad educativa intervengan activamente; de una relación social pedagógica en la que alumnos y docentes encuentren mayores niveles de comunicación con respecto al conocimiento; de materiales educativos diversos; de condiciones de infraestructura apropiadas a la intencionalidad del proyecto pedagógico; así como de servicios especializados que complementen la atención integral del alumno.

Capítulo 5

A modo de conclusión

Para concluir se puede señalar la analogía entre la propuesta expuesta y los planteamintos de Giroux (1995) y Mouffe (1994) en relación con los aportes del movimiento postmoderno a la evolución del orden social actual.

Ante la concepción moderna de la evolución humana, que supone un proceso histórico regido por el despliegue de la razón, resultado del cual se aprecia el desarrollo de una cultura unificada cuyo exponente más elevado es la cultura de occidente, que interpreta el progreso en términos de avance siempre ascendente hacia una meta determinada, concepción que se asocia con teorías sobre la soberanía en términos de acuerdo y consenso y relaciona la libertad con la autodeterminación, el pensamiento postmoderno cuestiona las pretensiones universalistas sobre la cultura, plantea la imposibilidad de describir la sociedad desde un punto de vista único, señala la imposibilidad de dar fundamentos últimos a las propuestas de orden social, cuestiona la confianza en la naturaleza unitaria del sujeto y desenmascara el sustento de la legitimidad del Estado en tecnologías morales y políticas que subyacen a diferentes estrategias de dominación.

Por estas razones se plantea que el discurso postmoderno puede asumirse como fundamento para poner de moda un lenguaje de ética y política que permita superar la violencia y los regímenes discursivos que mantienen el mito de la inevitabilidad de los privilegios económicos y el ejercicio centralizado de la dominación. Es decir, el discurso postmoderno puede ser un aliado de las luchas por el establecimiento de la democracia radical que llevan a la valoración de lo diferente, lo particular, lo múltiple, lo heterogéneo, al tiempo que permite recoger las aspiraciones de la modernidad por condiciones que garanticen la igualdad de oportunidades.

En el terreno pedagógico, el movimiento de crítica postmoderno permite apreciar que el conocimiento, tal como se asume en las escuelas modernas, apoya los juegos de verdad desarrollados en los centros de dominio y permite regular las diferencias mediante divisiones del trabajo social y cultural.

Al contrario, la pedagogía postmoderna se interesa por ver cómo se negocian las ideologías inherentes a distintas narrativas, cómo se construye el conocimiento, cómo se inscribe el poder en y entre grupos diferentes; se concibe la escuela como un lugar de interpretación, de negociación y de resistencia, en el que se lucha por establecer la democracia; la pedagogía adquiere compromisos políticos y se une a los aspectos más progesivos de la modernidad.

En términos específicos, la propuesta pedagógica postmoderna busca nuevas formas de alfabetización, contribuye a concebir nuevas formas de producción de conocimiento en el contexto del surgimiento de los medios de comunicación electrónicos y ayuda a teorizar de una forma diferente el significado del trabajo, asumiendo en general la indeterminación como la guía principal para entender la economía, el conocimiento y la identidad en condiciones de descentramiento cultural. De esta forma, la propuesta puede ser un aporte a los jóvenes que viven en un mundo de identidades híbridas, tecnologías electrónicas, espacios públicos plurales y culturas locales.

Bibliografía

APPLE, M. (1986). *Ideología y currículo*. Madrid: Akal.

ABAENA, L. A. (1989). "Lenguaje y significación". En: Revista *Lenguaje* N° 17. Cali: Universidad del Valle.

BAJTÍN, M. (1993). "La evaluación social, su papel, el enunciado concreto y la construcción poética". En: Revista *Criterios*, N° especial con motivo del VI Congreso Internacional Mijaíl Bajtín. México. 1993. Universidad Autónoma Metropolitana.

BALL, S. J. (1994). "La gestión como tecnología moral". En: *Foucault y la educación*. Madrid. Morata.

BARTHES, R. (1974). *El placer del texto*. México: Siglo XXI.

BRUNER, J. (1983). *El habla del niño*. Barcelona: Paidós.

————. (1989). *Realidad mental y mundos posibles*. Madrid: Gedisa.

BUSTAMANTE, G. (1995). "La verosimilización. A propósito del Cratilo". [Inédito].

CARR, W. (1993). *La calidad de la enseñanza e investigación social*.

Sevilla: Diada.

CASTORIADIS, C. (1994). "¿Vía sin salida?". En: *Apuntes*, N° 21. Centro de Estudios Económicos de la Escuela de Economía. Tunja: Universidad Pedagógica y Tecnológica de Colombia.

COLL, C. y MARTÍN, E. (1990). "Aprendiendo de la experiencia". En: *Cuadernos de pedagogía*. Monográfico de proyectos curriculares. Barcelona: Fontalba.

CONGRESO DE LA REPÚBLICA DE COLOMBIA. (1994). *Ley general de educación*. Bogotá: Universidad Nacional.

CHAVES, A. P. (1994). "Gestión de instituciones educativas, un enfoque estratégico para el desarrollo de Proyectos Educativos Institucionales". Quito: Cinterplan-OEA-Corporación IPLAED. [Documento de trabajo].

DESROSIÈRES, A. (1995). "¿Cómo fabricar cosas que se sostienen entre sí? Las ciencias sociales, la estadística y el Estado". En: Revista *Archipiélago*, N° 20.

DÍAZ BARRIGA, A. (1984) "Los orígenes de la problemática curricular". En: *Cuadernos del Centro*, N° 4. México: CESU-UNAM.

——————— (1987). "Problemas y retos de la evaluación educativa". En: *Perfiles educativos*, N° 37.

———————. (1994). "Una polémica en relación al examen". En: *Revista Iberoamericana de Educación*, N° 5.

ELKANA, Y. (1983). "La ciencia como sistema cultural: Una aproximación antropológica". En: *Boletín de la Sociedad Colombiana de Epistemología*. Bogotá: Vol. III, N° 10-11.

FOUCAULT, M. (1980). *Microfísica del poder*. Madrid: La piqueta.

———————. (1986). *Vigilar y castigar*. Madrid: Siglo XXI.

———————. (1990). *La arqueología del saber*. México: Siglo XXI.

———————. (1991). *Tecnologías del yo*. Barcelona: Paidós.

GADAMER, H. G. (1992). *Verdad y método II*. Salamanca: Sígueme.

GEERTZ, C. (1987). *La interpretación de las culturas*. México: Gedisa.

GIROUX, H. (1990). *Los profesores como intelectuales. Hacia una pedagogía crítica del aprendizaje*. Barcelona: Paidós.

——————. (1994). "Jóvenes, diferencia y educación postmoderna". En: Castells, M., Flecha, R., Freire, P., Giroux, H., Macedo, D. y Willis, P. *Nuevas perspectivas críticas en educación*. Barcelona: Paidós.

HABERMAS, J. (1989a). "Notas para la construcción de una teoría de la competencia interactiva". En: *Teoría de la acción comunicativa: Complementos y estudios previos*. Madrid: Cátedra.

——————. (1989b). "Observaciones sobre el concepto de competencia comunicativa". En: *Teoría de la acción comunicativa: Complementos y estudios previos*. Madrid: Cátedra.

——————. (1989c). *Ciencia y técnica como "ideología"*. Madrid: Tecnos.

HANUSHEK, E. (1986). "La economía de lo educativo: Producción y eficiencia en escuelas públicas". En: *Journal of Economic Literature*. Vol. XXIV.

HEIDEGGER, M. (1989). "La pregunta por la técnica". En: Revista *Antropos*, Suplementos N° 14.

HERNÁNDEZ, C. A. (1984). "La reforma curricular: Cientifismo y taylorización". En: *Educación, pedagogía y cultura*. Bogotá: Foro Nacional por Colombia.

HERNÁNDEZ, C. A., MOCKUS, A., GRANÉS, J., CHARUM, J. y CASTRO, M. C. (1987). "Lenguaje, voluntad de saber y calidad de la educación". En: Revista *Educación y cultura*, No. 12. Bogotá: Fecode.

HERRERA, M. y LÓPEZ, M. (1993). *Conceptualización y metodología para la gestión de instituciones escolares a nivel local*. El Proyecto de plantel, características, fases, herramientas. Caracas: Cinterplan-OEA.

HEVIA, R. (1992). "La educación y el desafío de la modernidad". En: Revista *Tablero*, N° 45.

KENWAY, J. (1994). "La educación y el discurso político de la nueva derecha". En: BALL, S. J. *Foucault y la educación*. Madrid: Morata.

LANGFORD, G. (1993). "La enseñanza y la idea de práctica social". En: CARR, W. *Calidad de la enseñanza e investigación social*. Sevilla: Diada.

LONDOÑO, C. A. (1992). "Axiología de la emancipación". En: *Revista de Ciencias Sociales*, N° 1. Escuela de Ciencias Sociales y Económicas. Tunja: Universidad Pedagógica y Tecnológica de Colombia.

LORENZER, A. (1986). "Símbolo, interacción y praxis". En: ADORNO, T. W., DAHMER, H., HEIM, R. y LORENZER, A. (Comp.) *Teoría crítica del sujeto*. México: Siglo XXI.

MAFPEN (1990). *La Démarche de Projet*. Tomo I. Poitiers: CRDP.

MARTÍNEZ, A. (1994). Conferencia inaugural del seminario internacional "Las reformas educativas en América Latina: Historia y perspectivas". Bogotá: Universidad Pedagógica Nacional. [Mimeo].

MARTÍNEZ, M. C. (1992). "El discurso como escenario del mundo". En: Revista *Lenguaje*, N° 19-20. Cali: Universidad del Valle.

MAX-NEEF, M., ELIZALDE, A., y HOPENHAYN, M. (1986). *Desarrollo a escala humana*. Santiago de Chile: Cepaur.

MINISTERIO DE EDUCACIÓN NACIONAL [MEN]. (1994). *Reflexiones sobre los Proyectos Educativos Institucionales y Guía para la construcción de planes operativos por parte de las comunidades educativas*. Bogotá.

—————. (1994). *Salto educativo*. Bogotá.

—————. (1986). *La escuela como proyecto cultural*. Bogotá.

MISIÓN DE CIENCIA, EDUCACIÓN Y DESARROLLO. (1994). *Colombia: al filo de la oportunidad*. Santafé de Bogotá: Magisterio.

MOCKUS, A., HERNÁNDEZ, C. A., GRANÉS, J., CHARUM, J. y CAS-

TRO, M. C. (1994). *Las fronteras de la escuela*. Bogotá.

MOISO, F. (1992) "La naturaleza de los símbolos". En: Vattimo, G. (Comp.). *Hermenéutica y racionalidad*. Santafé de Bogotá: Norma.

MOUFFE, C. (1994). "¿Democracia radical moderna o postmoderna?" En: Foro Nacional por Colombia, N° 24.

NOGUERA, C. E. (1994). "Medio siglo de educación y enseñanza en Colombia". Ponencia en el seminario internacional "Las reformas educativas en América Latina: Historia y perspectivas". Bogotá: Universidad Pedagógica Nacional. [Mimeo].

PIAGET, J. (1975). "Génesis y estructura en psicología". En: Piaget, J., Moles, A., Seiler, H. J., Jacob, A. y de Gaudillac, M. *Las nociones de estructura y génesis*. Buenos Aires: Nueva visión.

POSADA, J. (1995). "Notas para el análisis del discurso educativo neoliberal". En: Revista *Pretextos pedagógicos*, N° 2. Bogotá: Sociedad Colombiana de Pedagogía.

RIZVI, F. (1993). "La racionalidad burocrática y la esperanza de una escuela democrática". En Carr, W. *Calidad de la enseñanza e investigación social*. Sevilla: Diada.

SIERRA, F. (1990). *Sentido y método en ciencias sociales*. Bogotá: Icetex-Colcultura.

SISTEMA NACIONAL Y REGIONAL DE EVALUACIÓN DE LA CALIDAD DE LA EDUCACIÓN [SINECE]. (1992) *Informe final*. Bogotá.

TAMAYO, A. (1993). "Ética y educación" En: Revista *Cuestiones de filosofía*, N° 1. Tunja: Universidad Pedagógica y Tecnológica de Colombia.

TAYLOR, M. (1982). *Community, Anarchy and Liberty*. Cambridge: Cambridge University Press.

TEDESCO, J. C. (1993). "Tendencias actuales de las reformas educativas". Comisión internacional sobre la educación para el siglo XXI. Ginebra: Oficina Internacional de Educación. [Documento de trabajo].

VAN DIJK, T. A. (1985). *Texto y contexto*. Barcelona: Paidós.

VÁSQUEZ, E. (1976). "Más allá del modelo". En: *Revista del Departamento de Publicaciones de la Universidad del Valle*, N° 2.

VATTIMO, G. (1989). *Más allá del sujeto*. Barcelona: Paidós.

VYGOTSKI, L. S. (1989). *El desarrollo de los procesos psicológicos superiores*. Barcelona: Crítica.

WEBER, M. (1977). *Economía y sociedad*. México: Fondo de Cultura Económica.

Colección
Mesa Redonda